众创空间3.0新模式

众创空间全程解析

呼和浩特市生产力促进中心
聚 咖 啡 众 创 空 间 著

中国纺织出版社有限公司
国家一级出版社
全国百佳图书出版单位

内 容 提 要

本书全面阐述了众创空间的前世今生，精准地分析了众创空间遇到的问题，成长过程所面临的挑战，探讨了众创空间未来发展方向以及创新模式。同时，聚咖啡众创空间还现身说法，结合自身发展的实际情况分享很多有价值的经验。《众创空间 3.0 新模式——众创空间全程解析》的问世，相信能够帮助很多人在众创空间成长发展过程中获得创新之法。

图书在版编目（CIP）数据

众创空间 3.0 新模式：众创空间全程解析 / 呼和浩特市生产力促进中心，聚咖啡众创空间著 . -- 北京：中国纺织出版社有限公司，2019. 8

ISBN 978-7-5180-6365-9

Ⅰ. ①众… Ⅱ. ①呼… ②聚… Ⅲ. ①创业—研究—中国 Ⅳ. ① F249.2

中国版本图书馆 CIP 数据核字（2019）第 138305 号

策划编辑：陈希尔　　责任校对：寇晨晨　　责任印制：储志伟

中国纺织出版社有限公司出版发行
地址：北京市朝阳区百子湾东里A407号楼　邮政编码：100124
销售电话：010—87155894　传真：010—87155801
http: // www.c-textilep.com
E-mail: faxing@c-textilep.com
中国纺织出版社天猫旗舰店
官方微博http: // weibo.com / 2119887771
三河市宏盛印务有限公司印刷　各地新华书店经销
2019年 8 月第 1 版第 1 次印刷
开本：710×1000　1 / 16　印张：15
字数：180 千字　定价：45.00 元

凡购本书，如有缺页、倒页、脱页，由本社图书营销中心调换

编委名单

主　　编： 郭偌宁　姬卫东

执行编委： 宫亚清　白　忠　王　强　赵山丹　李　军　常　峰　海明生　陈伟杰　张华魁　冯树明　顾志刚

编　　委： 耿战修　姜宝林　刘　晔　赵　伟　陈宏才　王洪凤　高　欣　袁　涛

序

SFQUENCE

凯文·凯利曾经在《必然》一书中讲过："在我们历史的这一时刻，将从未被共享过的东西进行共享，或者以一种新的方式来共享，将是事物增值的最可靠的方式。未来30年的最大财富和最有意思的文化创新都会出现在共享这一领域。到2025年，最大、发展最迅速、盈利最多的企业将是掌握了当下还不可见、尚未被重视的共享要素的企业。"众创空间便是一种最典型的共享经济，它帮助无数的创客、创业者共享了办公空间、桌椅、人力、网络、资源等，极大降低了创新创业成本，创客、创业者在众创空间里众创、众筹、众包、众扶，共同创新、创业、创造、创富，带来全新的创业社群文化，赋予新时代的中国创新创业新标签!

2015年3月11日，国务院办公厅印发"众创空间"纲领性文件——《关于发展众创空间推进大众创新创业的指导意见》(下称《意见》)。此举为国家层面首次部署"众创空间"平台，支持大众创新创业。《意见》指出要充分利用国家自主创新示范区、国家高新技术产业开发区、科技企业孵化器、小企业创业基地、大学科技园和高校、科研院所的有利条件，发挥行业领军企业、创业投资机构、社会组织等社会力量的主力军作用，构建一批低成本、便利化、全要素、开放式的众创空间。

众创空间在过去三年里经历了一轮爆炸式增长后，很多定位不清晰、专业化服务能力弱、运营管理水平低、盈利模式单一、过度依赖政策补贴的众创空间相继倒闭关门。随着市场化机制日趋完善，资本回归理性，众创空间迎来新的发展契机。众创空间的核心价值不在于办公场地的提供，而是在于其提供的辅助创业创新的服务和资源。各种形式的众创空间都在通过各自的方式，向创业者提供各种类别、不同程度的基础服务。依据众创空间的发展规律，提供创业者及其团队物理空间的基础上，在完善创业团队及初创期企业的基础服务前提下，以创业者及创业团队的实际需求为出发点，以政策解读、培训辅导、活动聚合、提供人脉关系、投融资对接、商业模式验证、综合服务等核心功能构建创新创业服务生态圈。

无数的众创空间的运营管理者都在努力探寻“二房东”背后的增值之路。而《众创空间 3.0 新模式——众创空间全程解析》的问世，相信能够帮助很多人在众创空间成长发展过程中获得创新之法。本书全面阐述了众创空间的前世今生，精准地分析了众创空间遇到的问题，成长过程所面临的挑战，探讨了众创空间未来发展方向以及创新模式。同时，聚咖啡众创空间还现身说法，结合自身发展的实际情况分享很多有价值的经验。众创空间的良性发展是需要一个系统的支撑，以呼和浩特市为例，聚咖啡众创空间快速成长过程中得到了呼和浩特市生产力促进中心的多方面支持，可见众创空间的发展既需要市场化机制、资本化路径、专业化服务，同时也离不开政府部门的支持配套。

大浪淘沙始见金，随着具有中国特色的创新创业模式日趋成熟，期盼行走中的众创空间进化成奔跑中的众创空间。

赵　伟

2019 年 5 月 19 日

前言

PREFACE

中国众创空间的现状与未来

众创空间起源于国外，最早的创客（众创）空间可以追溯到1981年在德国柏林创建的混沌电脑俱乐部。“众创空间”这个词是中国人的独创，是在“大众创业、万众创新”的时代，将帮助创业者、小微企业、自由职业者成长的普遍性社会服务行业的公共空间称为“众创空间”。作为一种全新的创业模式，其一进入中国就与中国的经济现状完美契合，成为国家大力推广的创业发展模式，对中国经济的发展发挥了重要作用，成为助推中国经济转型强有力的支撑。在众创空间创业模式的推动下，一大批创新型科技企业在市场中茁壮成长，成为中国经济发展的主力军。支撑中国经济摆脱旧有的发展模式，将中国经济由之前的高成本、低产出、高耗能、高污染、科技成分低、劳动密集型的经济模式逐步向高科技含量、低环境污染、高经济产出、低资源消耗的方向转变。向科技要效率，向知识要产出，解放全民思想，凝聚全民智慧，激发大众的创业热情，让每个人都成为创业的主力军，以星火燎原之势，掀起全民创业的浪潮，将中国经济的发展推向一个新的高度，开创了中国经济发展的新时代。

众创空间顺应了中国经济的发展

众创空间的出现顺应中国经济发展的需要，当前中国的人口环境、政策环境、经济环境、文化环境以及竞争方面有很大优势，其发展的潜力巨大，对经济发展的影响巨大，将在中国经济的发展中发挥重要的作用。

众创空间在推动人口环境发展方面，具有取之不尽用之不竭的能量。中国有着十几亿的人口，其中有接近十亿的劳动力，如果将这些力量都集合起来，激活每个人的创新智慧，那么我们这个庞大的经济体将充满生机和希望。聚集强大的力量推动大众创业、万众创新的国家号召，那么无穷的创意将为我们的社会创造无限的财富，每一个投身其中的创业者和创新型企业将会越来越强大。

关于政策环境，自 2015 年以来，中国政府就通过鼓励创新型经济，进而加大研发、技术、创新在国民经济体系中的比重，从而推进经济增长的方式转变与经济结构的调整。在这一核心思路下，我国采取了商事制度改革、普惠性税收措施及优化资本市场的政策措施，鼓励大众参与创新，积极创业。这就从客观上形成了社会对众创空间的巨大需求，促进了众创空间在我国的持续性发展。

如今中国的经济正处在转型的关键时期，中国经济从驱动型经济向创新型经济发展，在这一大背景下，创新型经济有着巨大的市场空间，而作为创新经济有力支撑的众创空间发展潜力是无限的。大众创业的热情被激发，众创空间将获得持续发展的不竭动力。

在文化环境方面，大众创业、万众创新的政策理念已经深入人心。社会上能力出众的白领、大学生对于创业的认知度愈发清晰起来，而且对目标市场的敏感度又极强，他们会有一些突出而新颖的想法，拥有最新的眼光，但是却没有适合自己的平台来尽情地发挥，苦于各方面的条件都不允许自己将想法投身于实践中，这时，能支持他们将想法转化为现实的众创空间的巨大价值就会得到展现。众创空间在为大众创新和创业提供强有力的保障的同时，自己也将获得巨大的发展。

另外，众创空间以其独特的创业模式，在与同类的企业孵化主体的竞争中具备相当强劲的竞争优势。对于中国的某些众创空间，其自身具有强大的创始资源，众创空间内容拥有众多优秀的创业导师，能够吸引投资人积极加入，在此基础上会吸引众多初创企业纷纷入驻，在这里可以享受到全方位一体化的服务，获得融资的机会。不仅如此，众创空间还会提供联合场地，建立起一个创业的生态圈。在众创空间，会举办一系列的活动，如创业大赛、项目路演、创业沙龙等等，通过这些活动，会将优秀的人才汇聚起来，形成开放、分享及创新型的创业平台，抢占创业先机，加强竞争的强度，提升入驻企业的质量，以此来提升众创空间的质量和知名度，使其在同行业中立于不败之地。

未来广阔的发展空间

众创空间在国家发展中的定位是服务于实体经济的发展，孵化更多的科技成果带动大量的、广泛的传统产业，让我国的经济再上一个台阶，国务院在 2015 年发布了相应的意见书，以此来开发市场新的需求，增进供给侧结构性的改革。具体而言，众创空间通过以下几种手段和服务来实现为实体经济的服务。

首先，创业者的创业环境会更加宽容，拥有积极的创业精神，对其他人也可以起到带动作用，创业机构在此基础上也会更加完善；其次政府方面的“制度红利”要大于“人口红利”让创业数量日趋增加；再次，拓宽创业的领域，并趋向多元化，投资者具有选择的空间，投资机会也会越来越多；最后，在众创空间一些做出突出成绩的成功者的带动下，在短时间内将会有大量的人与资金涌入这一领域，最终成为中国版的 WeWork。

总体而言，众创空间单一的收租模式将不会适应未来的发展趋势，对于孵化器模式与创业加速模式会统一结构，完成一种供应自我，对外开放的生态系统。这是我国众创空间未来的发展方向。

在未来，连接工作服务的超级专家与企业的平台会应运而生，联合办公室将使用虚拟网络模式在全球实现，形成一个线上空间的超级大网，按照个人实际需求来进行具体交易，方便而快捷。

未来的工作会成为分布式的，科技与生活方式与之前大不相同，工作与创业也进行着新一步的转型。之前的工作模式不会立足与未来的工作空间，未来将是移动办公室、创新经济与碎片式雇佣，职场规则也不同于先前，而转变成为合作、显明、个性化与高度连接的职场。

在 21 世纪的发展中，未来的众创空间正以一种积极向上的热情前进着，它顺应时代的发展，根据所有创业者的需求，会发展得越来越好。未来的众创空间将会利用自己强大的渠道构建一个生态王国，将所有可以利用的资源都结合在一起，将一个加速器进行合理的利用，让所有创业者都积极投入其中。

市场化是众创空间必然要走的路

众创空间顺应“双创”浪潮而出现，并且以一种非常迅速的态势在全国各地涌现出来，它的发展更是顺应时代的要求，以市场需求为导向逐渐寻求自身的生存与发展空间。尽管目前众创空间发展的形势良好，但是仍然有很多众创空间只是徒有其表，并没有实现持续营利，之所以会出现这种状况，最主要的原因还在于其所提供的创业创新服务并不能满足广大创业者的需求，达不到市场的要求，对于市场热点不能及时掌握。因此，众创空间想要生存并且良好地发展运营，就必须要市场化，与不断变化的市场需求接轨。

众创空间资源配置由市场需求决定。众创空间作为一种开放式低成本的服务平台，为广大的创业者提供办公场地、社交团体、网络平台、资金筹集等各方面的服务支持，并且通过对各类社会资源的优化配置，向创业者最大限度地提供创业服务，正是其所提供的这种服务功能满足于创业的市场需求，从而使得源源不断的创客入驻众创空间，越来越多的融资机构或成功企业愿意将资金投入到众创空间中来。因此，在很大程度上，众创空间的规模和类型都是根据市场的具体需求而产生的，换言之，众创空间必须要符合市场需求才能寻求更好的发展。

另外，众创空间的规模大小和服务类型都受到市场需求的极大影响。一个众创空间想要生存发展，就必须要抓住市场热点。南方某小镇人们以发展农业为生，这里盛产的特色农产品基本上可以在本地销售一空。在这种大好形势下，农民们纷纷开始增加生产量，没想到这下却给自己带来了很多烦恼。当地市场已经严重饱和，农产品滞销，面对这种情况，众创空间率先提供“互联网+农业”的专项服务，于是许多微小的农产品企业纷纷入驻，使得特色农产品走向全国，这样一来，不仅入驻的微小企业越来越多，很多投资机构也纷纷提供资金支持，促使农产品的生产量增加，众创空间的运营状况也变得愈加良好。

众创空间想要得到广大创客的认可，体现出其存在的价值，就必须依赖于市场，并具备市场需求的创业服务。例如，能够为初创企业提供资金帮助、财务管理、技术培训、法律保障、政策解读等。而它的存在价值就在于给创业者提供广阔而有力的创业平台，帮助他们实现创新与创业的对接，帮助创业者将创业灵感变成实实在在的产品，然后将实实在在的产品做成前景广阔的市场，赢得巨大的利润。简单来说，众创空间存在的价值就体现在其创业服务能力的方方面面。如，深圳柴火创客空间曾经受到李克强总理的高度称赞，其本身具有非常强的服务能力，能够给初创企业提供基本的原型开发设备，如 3D 打印机、激光切割机、电子开发设备、机械加工设备等。创办几年来，已经拥有开源硬件、物联网、Linux 及嵌入式开发、绿色能源、城市农场等多个主题，并且根据各类型创客需求不断增加，其服务品质有目共睹，成为优秀众创空间的典范。

众创空间采取何种运作模式基本上也由市场所决定。如今的众创空间发展可谓是百花齐放，有创意交流共享的、有产业链服务的、有金融服务的、有创业培训指导的等，那么众创空间该如何去选择自己的服务类型和运作模式呢？这就需要根据当地的市场需求和资源优势而定了，同时还必须要结合运营方的优势特长，这样才能取得长久的发展。广州一众创空间成立的初衷是向广大创业者提供金融服务，想要借助运营方的融资能力解决初创企业的资金问题，但是在运营过程中发现，越来越多的创客更倾向于思想交流，于是该众创空间开始给自己增加主题，开始注重经验感悟交流分享的大众化服务。该众创空间每周都会举办“我的创业创新”讲坛，并且向社会大众开放，这种活动吸引了一大批有想法和创意的创业人士和有创业理想的高校学生，因此不断吸引创客入驻，寻求心灵上的碰撞，短时间内该众创空间便取得了跨越式的发展。

可见，众创空间的生存和发展必须市场化，紧紧地抓住市场需求去运作，只有众创空间立足于市场需求，才能吸引社会资金的热情，使项目和资本的对接渠道畅通无阻，保持一个健康有序的运营状态，并且取得较大的营利空间，进而发展壮大。

总之，作为最契合当下中国经济发展的创业模式，众创空间在中国必将发挥出巨大的能量，成为中国经济发展新的发动引擎，将为中国经济转型和发展贡献出巨大的力量。

目录

CONTENTS

第三章 沟通碰撞创新的火花 /47

第四章 让好项目拥有自己的舞台 /65

第五章 众创空间开启新的创业模式 /89

第六章 前景无限的中国众创 /115

附 录 /199

第一章
科技的革命一刻都没有停止

科技革命，是人类漫长演化过程中知识的飞跃，每一次科技革命都会给人类的社会环境和生活环境带来翻天覆地的变化。人类的发展一刻都不会停止，人类科技也不会停止前进的步伐。量变终将会产生质变，每一次科技革命的发生都是人类知识积累发生质变的飞跃时刻，而这一过程从来都不会停止，它会随着人类知识的进步不断发生，从而改变着我们每个人的生活。

1.1 人类正迎来新一轮的技术革命

18 世纪 60 年代，以蒸汽机的改良和应用为标志，人类开始自己的第一次技术革命，这次技术革命实现了人类生产从工场手工业向机器大工业的转变，以机器取代人力，大规模的机器工厂取代手工作坊为标志，生产力得到了巨大提升，人类工业生产值急速增加，人类工业进入了蒸汽时代。得益于此，资本主义在当时席卷全球，改变了整个世界的面貌。

19 世纪中期，特别是 1870 年前后，以电力在工业中的应用为标志，人类开始了自己第二次技术革命。1866 年，德国人西门子制成了发电机，到 1870 年，发电机正式用于工业生产，人类工业从蒸汽时代进入到了电气时代；在同时代，内燃机开始用于实践，德国人卡尔·本茨在内燃机的基础之上发明了人类第一台内燃机汽车，整个世界的交通面貌因此而改变；而美国人贝尔发明了电话，马可尼发明电报，极大地缩短了这个世界人与人之间的距离。人类的第二轮技术革命相对于第一次来讲范围更广，第一次技术革命发源于英国，但第二次几乎同时在世界的各个发达资本主义国家发生。对产业的升级和革新影响更大。在技术革命的推动下，生产力得到了更大的提升，资本主义生产关系得到进一步发展，垄断资本主义开始出现，并得到强势的发展。19 世纪末 20 世纪初，各主要资本主义国家，美、德、英、法、日、俄等相继进入帝国主义阶段，资本主义对世界的统治地位最终确立。

工业革命彻底改变了社会生产的面貌

从20世纪40～50年代开始，人类展开了第三次技术革命。这次技术革命以原子能技术、航天技术、电子计算机技术的应用为代表，还包括人工合成材料、分子生物学和遗传工程等高新技术。这次技术革命的重大科技成果包括空间技术、原子能技术以及计算机技术的发展与应用。这一次技术革命相较于前两次技术革命表现出来的特点包括技术成果转化为生产力的速度更加迅速，应用的范围更加的广泛，应用的深度更加的深入。这一次技术革命，对生产力的提高是深远的，前两次技术革命提高生产效率的手段是通过增加劳动者的劳动强度，而这一次技术革命对于生产者的素质有了更高的要求，通过科技手段的应用，将劳动者的劳动效率大幅度的提高。这一次技术革命不但改变了人们的生产面貌，而且对于人们的日常生活也产生了极大的影响，技术应用的成果渗透到人们生活的方方面面。

第一次科技革命	• 机器大工业取代工厂手工业 • 机器取代人力 • 生产力得到巨大提升 • 人类进入蒸汽时代
第二次科技革命	• 电力在工业中得到应用 • 内燃机用于工业生产 • 生产力得到巨大提升 • 资本主义统治地位确立
第三次科技革命	• 原子能技术、航天技术、电子计算机技术 • 人工合成材料、分子生物学、遗传工程取得进展 • 科技成果快速转化为生产力 • 科技成果渗透到生活的方方面面
第四次科技革命	• 当下正在发生 • 信息技术取得突破 • 能源技术、材料技术、生物科技相继取得突破 • 社会经济运行效率不断提高

历次科技革命的特点

进入 21 世纪，特别是 2008 年前后，美国爆发了金融危机，为了应对此次金融危机，世界各国纷纷加速推进本国的“再工业化”进程，加快经济模式的转型升级，科技进步在经济发展中发挥的作用更加重要。科技成果在工业生产和经济生活中的转化效率明显加快。新的发展机遇已经出现，世界各国蓄势待发，人类的第四次技术革命开始了。

这一轮技术革命主要表现为信息技术在社会生产中的突破性应用，具体表现为计算机芯片处理、数据存储、网络通信、分析计算等技术的重大突破，计算机、互联网技术、移动通信、大数据等信息技术在社会经济生活中的广泛应用等。

在信息技术取得突破的基础之上，能源技术、材料技术、生物技术等领域也取得了突破性进展，为新一轮的生产力变革奠定了坚实的基础。云计算、大数据、互联网、物联网、个人电脑、移动终端、传感设备等信息基础设施不断完善，社会经济运行效率不断提高，生产力得到进一步解放。

在新一轮技术革命的支持下，新的智能制造的现代产业体系正在逐渐形成，各种智能化产业不断出现，新的紧急增长点如雨后春笋，成为各国经济增长的新引擎。

面对这一新的经济发展趋势，一个国家要想保证良好的经济发展势头，必须要保证旺盛的创新能力。所以，鼓励创新性，鼓励新科技成果在生产生活中的应用，创造一个鼓励创新，鼓励创造的社会局面显得至关重要。

人类的发展无可阻挡，每一天都有新的技术被发明或者被实践应用，一个国家要想获得长远的发展就必须紧跟时代的发展步伐，适应时代的发展需求，尽可能创造一个良好的环境，激发每一个人创新的热情，保护每一个创新的闪光点，帮助每一个创新者头脑中闪光的一瞬转化成新的经济增长点。

在科技进步这条路上，人类一刻都没有停止，如果你跟不上时代发展的步伐，那等待你的将是被历史淘汰的命运。所以面对科技的进步，我们能做的就是“一万年太久，只争朝夕”。

1.2 新一轮科技革命的方向已经明确

现如今，新一轮的科技革命已经在世界各国如火如荼地展开，新的科技成果在生活的方方面面开始显示出它的便捷和高效，悄无声息中改变着人们的生活习惯和世界的面貌。从宏观角度来看，我们已经能够看到这一轮科技革命所表现出的新的特点和发展方向。

第一，这一轮科技革命是极具颠覆性的，将对世界产业面貌产生巨大的影响，带给社会生产力巨大的提高。颠覆性的科学技术不断涌现并且以惊人的速度付诸社会生产实践，改变着人们的生活面貌，如信息网络、生物科技、清洁能源等各领域具有颠覆性技术的出现，彻底改变了我们对这个世界原有的认知，改变了我们的生活。

第二，绿色环保、以人为本已经成为新一轮科技革命的一个共识，每一项技术的发展，每一款产品的研发，无不是在以人为本的前提下进行着。如何将生产活动对环境的影响降到最低，如何让消费者获得更加舒适的体验成为企业的普遍追求和制胜法宝。而目前承载这一共识的就是随科技进步带来的智能化。

第三，随着互联网飞速进步带来的“互联网 +”模式已经渗透到社会生产和生活的每一个角落，通过互联网技术的运用，各种传统行业发生了质的变化，一大批新兴产业不断出现，各种全新的产品和服务不断投放市场，改变着世界的面貌，改变着人们的生活，人类由此也进入了全新的智能时代。

第四，随着科技的进步，各国间的竞争更加激烈，围绕新技术新产品的竞争已经成为一个国家综合实力的体现，在竞争中人类对“深空、深海、深地、深蓝”的探索进一步深入，对这个世界的认识进一步深入，由此进一步促进了相关产业的发展，推动新一轮技术的革新，形成了相辅相成的良性循环。

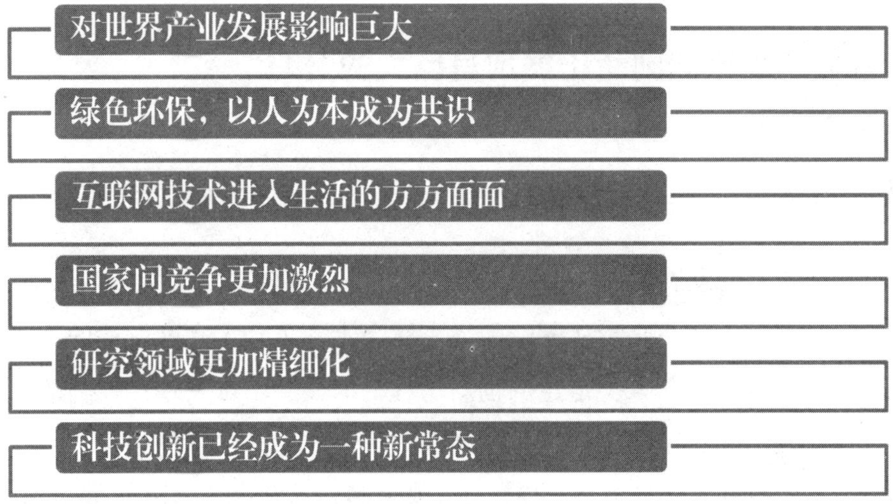

新一轮科技革命的方向

第五，随着科技的进步，各学科研究领域更加精细化，研究更加的深入化。而学科间的跨界研究也更加的广泛，在此背景下新的科技突破不断出现，人类科技在向未知前进的路上不断深入。一个个貌似遥不可及的科技难关不断被攻克，而这些科技成果被快速地用于生产生活，改变着世界的面貌以及我们生活的方方面面。

第六，这次科技革命给予我们每一个人最切身的体验就是创新在这次科技革命中已经成为一个新常态。每一个人都可以成为这场新科技革命的创造者、参与者。只要你有好的想法，只要你能够有新的灵感，能够创造出与众不同的思路，那么你就可能成为一个创新者，而这个时代会对你这一想法给予足够的支持。众创空间这样的组织在包括我国在内的世界各地遍地开花，支持着每一个有创新梦想的人们，并从中培育出越来越多足以改变我们生活习惯的“闪光一瞬”。

1.3 思维的创新正展现其巨大的潜力

从人类的发展历程来看，人类的进步无不伴随着一次次创新活动，靠着创新，人类一步步从蒙昧的远古社会走到了今天高度发达的文明世界。当我们回首人类走过的创新历程的时候，不难发现，人类的每一次创新活动无不是通过思维创新为先导开始的。思维的变化，一次次为人类打开了新的世界。熟肉比生肉好吃，人类学会了对火的运用；铁比石头坚固，人类开始了自己铁器的时代；蒸汽能产生巨大的动能，人类进入了蒸汽时代；而电力被发现，人类进入了电气时代的现代文明；而计算机的出现更是让人类进入了一个无与伦比的高速发展的时代，但是人类的思维还没有任何停下脚步的迹象。随着互联网技术、人工智能等新的科技的出现，人类文明迎来了新一轮的跨越。人类思维的进步不断刷新着人类文明的极限，而且种种迹象表明，这种极限远远没有尽头，人类思维创造的巨大潜能几乎是无限的。

人类的大脑就好像这浩渺的宇宙，你不知道它的极限有多少，你能看到的也许只是它本身潜能的冰山一角。它无时无刻不随着它周围的环境运转着，每一个瞬间都会迸发出智慧的闪光，而正是这一次次灵感的出现，催生着这个世界新的变化。

在这个创新的时代，人类思维的创新正在展现着其巨大的潜力。蒸汽机改变了人类数千年的面貌，而仅仅几十年，电力就将人类带入了另一个新的世界；计算机出现的时候你可否想到它会给世界带来如此深远的影响？人工智能的出现你是否会耳目一新，感叹这才是人类科技正确的打开方式？当你只满足于手机接打电话，发个短信拉近人与人之间距离的时候，“乔布斯”们已经在谋划着让手机来接管你的生活。当你还在为没时间逛商场意兴阑珊的时候，“马云”们开展的电子商务已经把琳琅满目的商店搬到了你的手机上；你可否想到过足不出户美食就会送上门？你又是否想到过曾经快被我们这个汽车时代遗忘的自行车会卷土重来成为我们共享时代的急先锋？人类的思维真是让人感叹，只要你敢想，真的没有什么不可以。

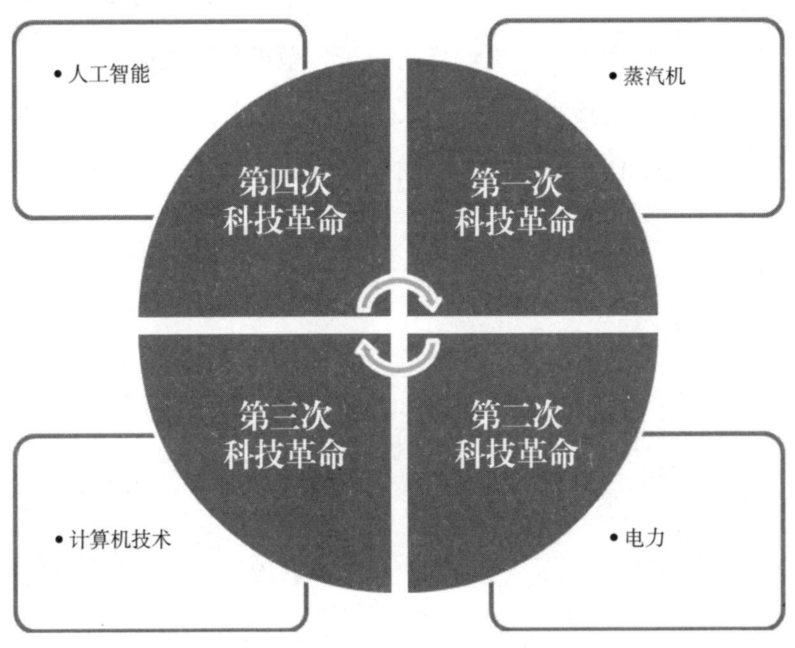

历次科技革命的标志性技术

在今天这个时代，你不知道哪天就会冒出一个让你耳目一新的科技产品，科技进步的时代背景下，科技产品的更新换代真是太快了，举个形象一点的例子，你是否还记得曾经显赫一时的诺基亚？它现在过得还好吗？苹果、小米、华为们根本就不会给你怀恋的时间，也许下一秒一个新的科技产品已经出现在了你的手上。诺基亚还好，毕竟有过自己的辉煌，你是否还记得彩信抑或是飞信？作为科技进步的过客，它们甚至还没来得及留下自己的声音，就已经被 QQ、微信们扫进了历史的回收站中。至于微信们的命运，谁知道呢，也许不知道未来的哪一天，你会感叹，想当年，我们聊天用的是微信！

这就是人类思维创新的能力，创新的力量，你不知道未来的下一秒会发生什么，但是可以肯定的是人类思维创新的能力正以它无可阻挡的力量横扫着我们的这个时代，而且速度会越来越快，谁要是忽略了它的潜力，就会被历史的滚滚车轮抛下车，成为世界文明的失败者，所以，让我们正是思维创新的力量，敬畏其巨大的潜力，以饱满的热情和斗志，发挥我们每一个人的聪明才智，迸发我们思维中巨大的潜力，在这个伟大的时代，激发我们创新的力量，共同迎接美好的生活。

1.4 个体创新正成为主流

个体创新是相对于团队创新而言的。一段时间内，科学研究成为研究院或者科学院的专有工作。同时大工业时代的科研项目也更适合团队协作来完成。但是随着科技的不断进步，科技进步的方向已经延伸到我们生活的方方面面。科学研究除了要服务火箭发射、探索外星、国防建设、重大工程等大型科研工程之外，还要服务我们的日常生活。科技已经大大改变了我们的生活，就好比我们常说的“最后一公里”的问题一样，现今科技的发展已经到了解决最后一公里的问题，科技进步要广泛服务于我们的生活，改变我们的生活。让每一个人感受到科学进步对我们生活产生的深刻影响。

正是在这样的大背景下，今天科技的智能化发展已经成为科技创新的主流。而这种创新最大的特点就是创新主体已经走出了实验室，不再依赖于国家组织的大型科技工程来完成，在现有科技水平的基础上，个体的创新已经成为当下科技创新的主流。

随着智能手机的出现，各种应用软件（APP）纷纷出现，随之而来的智能化服务不断改变着我们的生活。曾几何时，人们等公交是最烦人的一件事，但是随着一款公交到站预报 APP 的出现，让这个问题迎刃而解，通过这款 APP，你可以知道你想要坐的公交车还有几分钟可以到站，这样就大大减少了盲目等待的时间，同时也消除了盲目等待时的烦躁不安；另外，还比如我们司空见惯的自行车，一件再普通不过的交通工具，但是在科技进步与个体创新的作用下，一个风靡世界的创新产品“共享单车”出现了。老产品焕发了新青春，带给了人们全新的体验。

但是个人的力量毕竟是弱小的，个体可以迸发创新的闪光，但如何让这一闪光变成具有商业价值的产品，这是个难题，只有这一问题解决了，个体创新才能成为这个时代的主流。而让人欣慰的是，我们的国家顺应了这一发展的趋势，提出了大众创业，万众创新的决策，从国家层面确立了个人创新对于国家发展的重要性，大力提倡和鼓励个体创新，在这一政策的激励下，诞生于国外的众创空间蓬勃的发展。在众创空间内，各种对个体创业的辅助措施让个人创新向个人创业转化变成了现实，在众创空间的模式下，个人创新已经成为这个时代科技创新的主流，一个万众创新的全新时代已经到来，并且不断走向繁荣。

个人创新成为科技创新的主流

1.5 人类的创新潜能正在被激发

回顾人类科技文明的发展，这是一个创新潜能不断被挖掘的过程。从原始的纯手工劳作，到蒸汽机的应用，工业发展取得了极大的跨越，同时这也更加增强了人们对于工作、生活中的创新信心。于是第二次电力发展的科技革命诞生了，人们不仅改变了劳动方式，同时更加注重工作效率，生产面貌得到了极大的改善，更重要的是技术应用开始渗透到人们的生活和思想中。计算机的面世给人类发展带来新的机遇，人们的创新思维已经从实实在在的事物进入到虚拟的世界中，并且利用各种网络技术轻松地实现人类进步。而如今，智能化的时代已经到来，正在以一个不可阻挡的势头掀起一轮新的科技革命。从简单到复杂，人类的创新潜能让人惊叹，未来会发展成一个怎样的世界不禁让人充满期待。

人类的创新潜能之所以能够被不断地被激发，是因为人类的大脑是世界上最复杂的、也是效率最高的信息处理系统。尤其是右脑主要负责直感和创造力，如果外界的各种活动对右脑进行刺激，那么右脑活动就更加活跃，从而打破各种各样的思维定式，提高想象力和创新能力。而人类的发展正好与这种活动规律相契合。一次次的科技革命和一个个的创新发明激励着每一个人不断地开发自己的创新潜能，想要以更好的姿态生活在这个世界上。

智能时代的到来更加对人类的创新潜能进行刺激，而激发出来的潜能又会加速人类智能化的发展，于是人类的创新潜能和科技发展互相促进，进入到一个良性循环的状态中。

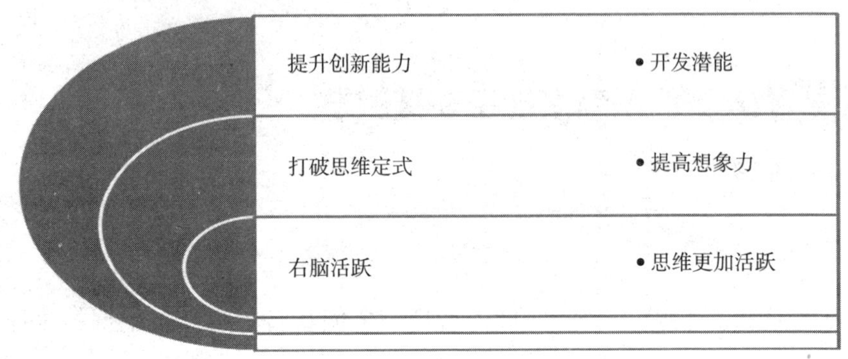

右脑活跃打破思维定式

另外，人类的创新潜能不断地被激发也有国家鼓励支持的功劳。李克强总理指出：要充分释放全社会的创业创新潜能，不仅要强化企业创新主体地位，支持行业领军企业建设高水平研发机构，加快推广国家自主创新示范区试点，建设新的自主创新示范区，同时还要发挥大众创业、万众创新和“互联网 +”集众智汇众力的乘数效应，给大众创新提供广阔的平台，构建高校、大中小企业、创客多方协同的新型创业创新机制，并且对广大的创业者提供扶持政策，鼓励其将创新潜能不断地挖掘出来并应用到实践中来。另外国家还大力地弘扬创新文化，厚植创新的沃土，给创客们提供良好的创新空间，营造出一种敢为人先，勇于失败的良好氛围，不断地激发人类的创新潜能，调动全社会的创新积极性。

试想，如果人类的创新得不到认可与支持，那些人就会失去创新的信心，或者因为重重阻碍而放弃前进的步伐，这样也会阻碍人类的发展。

在目前大好的发展形势下，所有拥有新思维、新想法的人都跃跃欲试，再加上众创空间这一社会发展新成果的出现，人类必将走向大众创业、万众创新的辉煌局面。

1.6 国外创客空间的发展概述

经过十几年的发展，国内外的创客空间发展已进入到了一个成熟的阶段。而早在十多年前，在国外就已经有了一个为大家提供个体创新的地方了，创客空间的雏形都逐渐开始形成，很多创客空间建立的发展模式都受到了人们的推崇，同时，对科技创新还产生了深远的影响。

在国外，创客空间成立的背景与发展的模式各不相同，具体可分为以下几种特征：

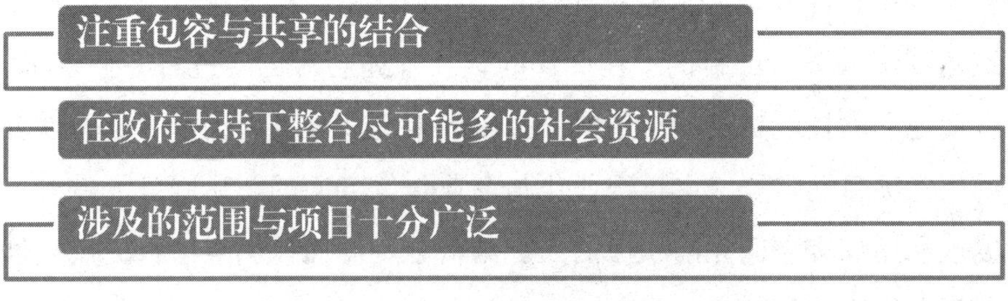

注重包容与共享的结合

在政府支持下整合尽可能多的社会资源

涉及的范围与项目十分广泛

国外众创空间具备的特征

首先，注重包容与共享二者相结合的理念。包容，指的是在国外大部分的创客空间人们的加入或使用的门槛较低，一般对加入的创业者的背景、学历与技能的要求并没有严格的要求，无论工作或生活在哪个层次的人都能够根据自己的想法或意愿来进行创新创业。除此之外，大部分的商业化运营还采取了会员制，也就是加入的会员只需要花费很少的钱就可以享受到创客空间的办公室或一些价格昂贵的实验设备。共享，就是创业者可以在创客空间提供的一定条件下进行相互交流，一起享有一个空间，得到机会，在这里可以参加创客举行的培训活动等，通过相互碰撞交流，在这样的氛围中提升自己。

其次，具有政府的支持，会鼓舞多方参与。国外的大部分创客空间都会以营利为目的而进行商业化运营，但是还会有政府部门与社会组织筹建和运营的非营利性机构，以此来为低收入等人群提供一些创新创业的机会，以防止社会资源的浪费。对于创客空间的研究成果与项目都会通过众筹网站募集资金，当然这也离不开政府的支持。对于创客空间的建设与发展，离不开多方面的支持与参与，以使相互协调合作，相互进步。

最后，运营模式各具特色，其中涉及的项目涉及的范围极广。在国外，创客空间的运营模式为以提供工具和创新创业孵化服务为主。提供工具为主的意识就是为创客们提供他们在创造中所使用的各种设备与应用软件等，其成本是极高的，如果共享，那么就可以最大限度地达到降低成本的目的。在此期间，导师还会对创客进行专业培训，以使他们的技能在上一个层次。提供创新创业服务为主指的是为创客的创意项目而融资，进行产业化与商业化等方面的孵化服务。最大限度地利用创客空间先前积攒的人脉与资金资源而让创意项目提供从创意到商品的机会。

根据这些特征，可见当时在国外有各种类型的创客空间，如 Hackerspace、Fab Lab、TechShop 等。Hackerspace 源于欧洲程序设计师的聚会，在以前被称为“黑客”。2007 年的 8 月份，一群北美的“黑客”去德国参加了 Chaos Communication Camp 之后受此熏陶，便决定要在回国之后创办很多的“黑客”空间。他们从自己原来就感兴趣的程序设计起步，在一些地方设计及制造电子回路，为了与自己的兴趣相符，他们开设了教室，进行了相应的活动用来筹集会费，从而来添购使用的工具。Hackerspace 2010 年传至中国，被称为创客空间，为电子艺术家、硬件高手、DIY 爱好者和所有喜欢自己动手制作东西的人们提供了一个开放式的社区。

国外的众创空间源于网络黑客的聚会

Fab Lab 就是微观装配实验室，是美国麻省理工学院（MIT）的比特与原子研究中心发起的一项新型实验，人们将其看成是一个可以生产出任意产品与工具的微小工厂。Fab Lab 最初的设立，是 1998 年哲申费尔德教授在 MIT 开设的一门课程而出现的灵感，这门课程中的主要内容是怎样来创造一样东西，这一课程类型在当时很受欢迎。在课程上的学生一点技术经验也没有，但是却可以创造出让人记忆犹新的产品，如为保护女性人身安全的传感器、为鹦鹉制作的网络浏览器等。

只要是他们想要的东西都可以制作出来，在这里可以随意展现自己的才能，这也成为了 Fab Lab 开始时的创新研究理念。

Hackerspace 是一家由会员制工作坊组成的社区，在这里的会员可以享受到所需设备、工具，拥有教学、创作与支持人员。有了这些之后，他们就可以创造自己想要创作的东西。这里的工具设备包含有车床、钻孔机、离子切割机、手工具、铣床等，这里对于那些乐于自己动手亲自做东西但又找不到实用器具的人来说，可谓是一个理想中的场所。这里还可以让创新者将最原始的想法制作出来展示，同样，也可以做成一个完整的产品。

众创空间在国外被称为是创客空间，它通过向创客提供开放的物理空间与原型加工设备来组织与之相关的聚会与工作坊，可以将大家共有的知识不断实现分享的目的。创客空间在国外早已传播开来，之后传至国内。在国外很多创客空间都是有具有深厚资源的企业来做指引，有的也会单独来承办，就好比是在为社会做贡献一样，属于具有公益性质的创客空间。

第二章 众创空间顺势而生

众创空间的出现，给创业带来了新的变革，让创业变得更简单，更高效，更有质量。众创空间起源于国外，但在中国获得了快速的发展。众创空间的创业方式与中国“大众创业、万众创新”的号召完美契合，符合了时代的要求，对中国经济发展发挥了重要作用。可以说众创空间顺势而生，乘势而起，成为中国小微企业创业的最佳方式。

2.1 众创空间的出现

要讲众创空间的出现历程，创客是一个绕不开的话题，正是创客的出现，才催生了众创空间的出现。“创客”就这个词汇本身而言，它是一个外来词汇，它源于人们对英文单词“Markers”的翻译，人们习惯于将某一领域的爱好者称之为“客”，与此相应，对于一些热衷于创造、创新的人群，也就被称之为“创客”了。

抛开字面本身的意思不谈，单就创客这一群体而言，它最早开始于美国麻省理工学院比特和原子研究中心发起的 Fab Lab，中文意思即：个人制造实验室。在这个空间内活跃着的一批喜欢和享受创新快乐的人，他们热衷于自己对于新事物的创新，追逐与大脑中灵感闪光迸发出的那一瞬的兴奋感，他们是最早出现的真正意义上的创客。

创客往往给人以理想主义的色彩，他们依靠自己新奇的想法改变着这个世界。凭借着头脑中闪光的一瞬创造出新的，让人惊叹的，改变人们生活或者生产面貌的发明，成为新的科技革命的参与者，新时代的开创者。在传统的产业或旧有的生产力之外，为这个社会产生额外的价值，成为社会财富新的增长点。

创客的出现，在进一步解放生产力的同时，也改变着旧有的经济秩序，一个以创新为特点，以创客本身为出发点的新的经济秩序正在开始出现。一个个新的经济爆发点，一家家全新的科技公司，一款款改变人们生活的产品，也许都是源于创客大脑种那闪光的一瞬。而更为关键的是，这闪光一瞬的权力不仅仅只属于哪些传统意义上的科研精英，每一个有梦想，有想法的人，不管你是什么身份，什么地位，都可以称为创客一族。在新一轮科技革命的浪潮下，找到自己的位置，发挥自己的潜能，创造自己的价值，将自己的梦想变为现实。

创客的出现不是偶然的，它有着深刻的时代背景和社会基础。

在科技不断发展的大背景下，人类的物质生产已经高度发达，尤其是第三次科技革命中计算机的出现，开启了人类科技新的面貌。在此基础上发展起来的互联网技术已经发展成为现代社会人们沟通的基础。互联网技术的发展极大地加快了信息与知识的传播速度，使普通人有更多的机会参与到生产创新当中。与此同时，关于创新的角度和维度也不断出现新的认识。创新从之前从未出现的新事物的发明与发现如电灯、电话等转移到在现有基础上如何通过合理的创意开发能够更好地给人类生活带来便利，如互联网与出租车的结合，诞生了滴滴；互联网与购物的结合，出现了电商；互联网与餐馆的结合，出现了外卖。其实都是我们司空见惯的产品或服务，但是因为不同的组合，就焕发了新的活力，而这一切都要归功于创新的力量，这也是创客给我们的生活带来的新变化。而这些小创新大变化放在之前是不可想象的，即使你有这样的想法，客观的现实也无法满足你实现想法的条件。

举个身边的例子，在滴滴出现之前，在我家乡的小县城里已经出现了一种叫车服务，其模式是在每一台出租车上都装一部对讲机，接收县城总台播放的信息，在县城里公司会安装一部大功率电台，在方圆几十公里内向每一台车发送信息。而公司会向社会公布一个叫车电话，乘客只要拨通这个号码，告诉总台自己叫车的需要，总台就能把这些叫车信息发布到每一台车上，然后司机根据自己所在的位置进行接单，这就大大方便了司机和乘客，乘客能够在最短时间内坐上出租车，而出租车也省去了盲目空驶的路程，既节省了成本又提高了效率。听着耳熟吗？是不是跟滴滴打车的模式很像？可以说原理是大同小异。但是现实就是我们县城里的这家公司直到今天还是一个辐射几十公里的小出租公司，而滴滴的运营公司已经是市值上千亿的世界知名企业。他们之前的差别就在于县城这家小公司初创的时候，有着同样的想法，但是当时不管是社会基础还是技术手段都不足以支撑其发展到滴滴现在这样的规模，而滴滴出现的时候，网络技术已经极度发达，通过网络，滴滴的叫车信息不再局限于这几十公里的范围，而是在全国的每一座城市，每一个手机终端上出现。这就是时代背景和社会基础不同对同一个想法产生的不同的效果。

另外，随着人们物质生活水平的不断提高，人们的消费水平也得到了长足的发展。之前的人们可谓是勒紧裤腰带过日子，能够吃上饱饭就已经是人们最大的愿望了。而到了今天，人们担心的不再是温饱，而是考虑怎样吃方便，吃得好，这样的消费变化也催生了餐饮外卖服务行业的单身群体，想吃饭店里的饭，同时还想节省自己的时间，而外卖正好满足了这两方面的需求，所以一时间外卖席卷中国大江南北。

由此看来，创客的出现是科技水平与社会高度发展催生的一个新兴群体，他们可以是院所精英，也可以是普通大众，只要有想法，有创意，每一个人都可以成为创客，成为时代进步的力量。

但是创客们虽然在这个时代具备了创业的基本条件，但面对风起云涌的市场，他们还是相当脆弱，弱不禁风的。所以创客们就想着互相联合起来，这样既能获得基本的创业条件，又能降低自己的创业成本，于是众创空间就出现了。

在这里，创客可以很好地打磨自己的创意，众创空间内完善的设备和实验器材可以为创业者完成自己的研究提供保障。为有创意的创客们提供完成自己创意的机会，在这里也能遇到许多与自己有着相同爱好的人，大家互相交流创新心得，取长补短。随着众创空间的出现，一些社会资金也开始关注这些创客们的组织，希望从中可以找到他们需要的投资项目，有了资金的支持，他们的研究就不仅仅是为了爱好，因为在资金的支持下，创客们的科研成果有可能会变成现实，成为实实在在的可以实现价值的产品，他们自己小小的灵感真的有可能改变人们的生活，改变这个世界的面貌。更为关键的是，确实有一些好的项目在众创空间中找到了自己的投资人，创客因此也实现了创业的目的。

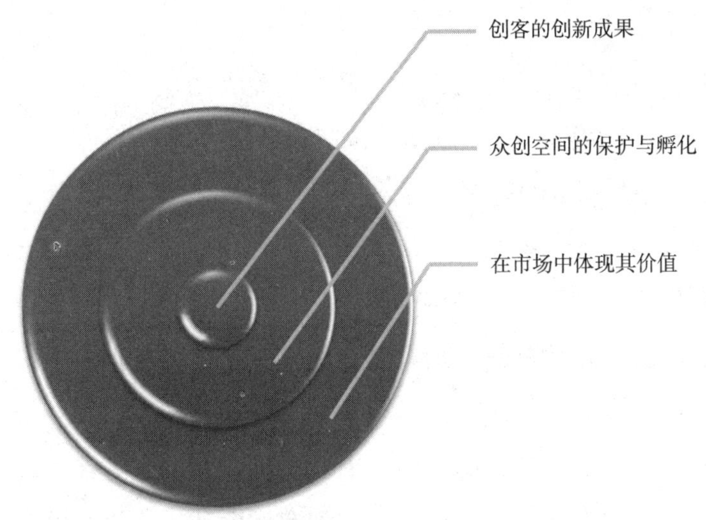

创客需要在众创空间的保护下成长

示范效果的驱动下，越来越多的怀揣梦想的创客们有目的的来到这里，一是为了进行自己的实验，打磨自己的创意，另一个目的则是等待机会，寻求欣赏自己的投资人，实现自己创业的梦想。而发展到后来，这里已经成为各种高新科技创意的集聚地，吸引了大量的创客和投资者在这里相互交融，一项项全新的科技项目被开发出来，越来越多的人们开始将目光投向这里，这里也成为前沿科技与资本投资相遇的地方，而科技成果与资本的相遇，众创空间的价值也获得了充分的体现。

2.2 对创业全新的认识

创业，在我们传统的认知中，是一个庞大的项目，大量的人力财力的结合才可能换来创业的成功。如果没有足够财力的支持，人脉的扶持，成功会是那么的遥不可及。

但创客的出现，我们开始认识到，有时候创业也不必那么的兴师动众。在现代高度发达的经济社会中，只要你有创意，有灵感，你就可以开启自己的创业旅程，拥有创业的基础。如果机遇合适，你有相当的可能获得创业的成功。

创客的才华加上科技的进步，出现了一种新的创客经济。在这种经济模式中，创客新颖的创意蕴含的创造性劳动成为最有价值的消费客体，而其他的劳动环节皆处于从属地位。而且这种创造新价值可以作为单独的商品在市场中销售。比如设计人员的艺术设计，出自于其自身的设计灵感，其最终产品能让消费者获得实实在在的价值。在这种模式中，设计人员出售自己的设计才华，对方公司获得了自己想要的设计效果，这期间除了设计者的创意之外，并没有实物产品的发生，这在之前的商品交易中是不可能发生的。如果一个设计师能力够强，创意够丰富，他通过出售自己的创意就可以完成自己的创业。当然这只是这种创客经济的一个简单模式，如果要扩大生产，这名设计师需要雇佣一批如他这样拥有设计、创意能力的人，组建自己的团队。而在诸如北上广这样的大城市，这样的公司已经成为当地经济的重要支撑力量，这样的公司被称为文化创意公司。他们的产品就是他们的创意，而这是建立在计算机技术高度发展的基础之上的。

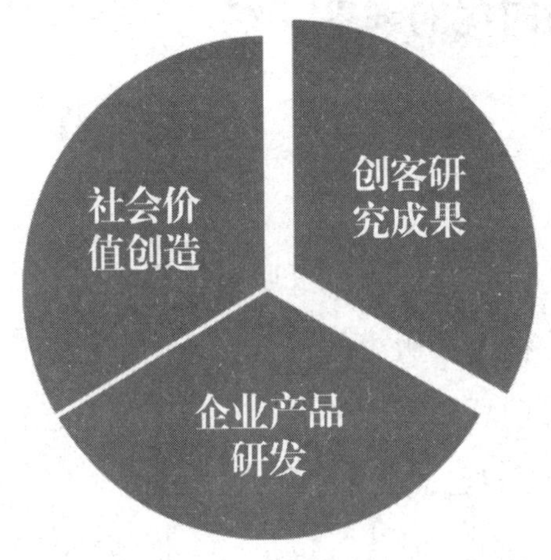

创客科研成果是创客经济的关键

另外在以前创业的时候，需要创业者自身具备雄厚的经济实力，但是网络技术兴起之后，只要自己的创意足够新颖，有广阔的市场前景，通过网络众筹或引入天使投资的方式就可以获得创业的经费，实现自己的创业梦想。而这都得益于现在发达的互联网技术。有许多优秀的产品，因为其新颖的创意和实用的效果，在众筹阶段其创意产品的预售已经相当可观，足够创业者开启自己的创业项目了。

总体来讲，创客之所以能够以一个全新的社会形象出现在我们的面前，从根本上来讲是得益于互联网技术的高度发达以及人们物质生活水平的极大提高。但是面对风起云涌的市场，创客的小规模生存没有问题，但如果想要进一步发展，将自己的创意产业化、商业化，获得巨大的成功，则需要在他们创业的初创阶段对其扶持、保护、帮助，直到他们具备自我生存能力。

2.3 新创新时代的到来

历史上创新的时代有许多，这些时代当中无数个改变人类生存面貌的新发明出现，将人类历史的进程急速向前推进。在这一过程中诞生了许许多多让我们耳熟能详的名字，他们靠自己的聪明才智在科技进步的历史上留下了自己的名字。

今天我们面临的这一时代，也是一个创新的时代，但这个创新的时代与以往相比，是一个特殊的创新时代，这在个时代除了乔布斯这样天纵奇才型的人才之外，很少再听说有哪些人做出了哪些了不起的发明创造，况且乔布斯对于智能手机的创造也是在之前手机和电脑科技不断发展的前提下完成的，相比于瓦特发明蒸汽机、莫尔发明电话、爱迪生发明电灯，其开创性弱了不少。但不可否认的是我们身边的小发明小创造却在潜移默化地改变着我们的生活，我们的生活更加的便捷，更加的智能化。而这正是这个创新时代的特殊之处，今天的创新已经从天才的创新中走了出来，今天这个创新的时代属于大众，属于这个社会中的每一个人，也许你大脑中不经意的一个闪光，将会给这个世界带来不一样的精彩。在这个万众创新的时代，越来越多的人参与到这场声势浩大的创新运动中来，给生活带来足够的便捷、足够的智能、足够的新鲜已经成为每一个人每天思考的问题。

这场创新运动最大的特点就是没有划时代的重大发明，但是创新之火已经燎原，在各行各业遍地开花。这些创新者身份各异，有专业的科研人员，也有打拼在生产第一线的普罗大众，甚至还有许多在校的大学生也成为这一创新大军中不可忽视的力量。

这可能对于创新来讲是最好的一个时代。但这个时代的到来不是偶然的，是历史进程到了这样的一个阶段，我们的创新者应该庆幸赶上了如此美好的一个时代。大众创新，出现这一发展阶段的首要条件就是只是积累的爆发。今天社会的教育普及程度已经相当的高，以往被少数人垄断的受教育权力已经向大众所开放。大众的受教育水平普遍提高，对于知识的接受程度大大增强，具备了参与科技创新的基础。

有了创新的人才知识基础之后，更重要的还要有适合创新的社会基础。只有在合适的创新土壤之上才能收获创新的成果。而在这里我们就需要提到众创空间。在国家鼓励大众创新的政策指导下，正是由于众创空间的出现，解决了创新社会基础的问题。在众创空间的扶持下，各种原本属于精英阶层的科研设备、仪器都让普通大众有了共享使用的机会，打通了一个人创新路上的所有障碍，只要有好的想法、好的创意，一个人的闪光就能成为改变社会生活的新发明。

最后，互联网技术的高速发展，让知识的传播无限加快，知识的更新换代不断加速，创新在这种情况下变得不再是那么的遥不可及。

2.4 众创空间的组成要素

“双创”热潮使我国众创空间的发展极为迅速，并且呈现出系统化的发展趋势。在激发创新创业方面，构建一个完整的众创空间体系具有非常重要的作用。通常来说，众创空间组成要素主要有两个部分，一部分是主体要素，另一部分就是支撑要素。

众创空间生态系统的主体要素主要有创客、创业企业、政府机构、融资机构、高校院所。在这几类主体要素中，创客是最核心的要素。“创客”一词的定义来自英语，它指的是一个人物群体，他们将自身的创新理念在实践中应用，创造出一部分有价值的企业。这些创客拥有共同的创业理想或者是兴趣爱好，从而聚集在同一个空间内，成为具有不同知识背景、不同身份地位的创业群体。他们拥有非常活跃的思维和创新精神，经常会发明创造或者是发表一些创新的理念。

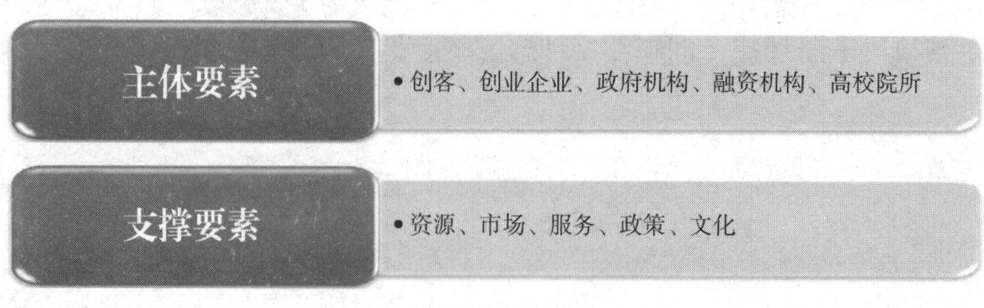

众创空间的组成要素

创业企业是众创空间中创客所依托的载体，具有非常重要的作用。通常来说，创客的创新创业活动主要是通过创办企业或者是在原有企业的基础上与其他企业进行合作的方式展开，然后凭借企业的知名度将创新产品推广到大众面前，深入产品市场。

政府机构是众创空间的组织者和引导者，对众创空间的发展起着非常大的促进和保障作用。其主要的手段就是不断地根据创客需求出台一些扶持政策和相关的法律法规，使众创空间生态体系维持正常的运转。另外国家号召大众创业、万众创新，也促进了众创空间生态体系的发展。

融资机构是众创空间资金供应的主要来源，它包括银行等各种金融机构和风险投资机构，其主要的存在意义就是为广大创业者提供各类创业资金。对于初创企业，资金短缺是创业过程中遇到的最大难题，任何环节都离不开资金的支持。而融资机构能够帮助其吸引社会的其他资本，促进创业成功，因此在众创空间生态体系中，融资机构的润滑作用不容小觑。

高校院所从表面上看与众创空间的生态体系似乎并没有关系，但是它却是创新资源的集聚地，具有非常强的研发优势，高等院校培育创新创业人才，科研院所培养的人都具有一定的技术知识，能够给众创空间的生态体系提供重要的技术支持，给社会提供具有一定价值的科技创新成果，通过与企业的多方面合作，进行人才培养、技术研发等，进一步促进科技成果的产业化，进而形成一个良好的互动效果，促进众创空间生态体系的发展。

众创空间生态体系的支撑要素主要包括资源、市场、服务、政策、文化等因素。从整体上来看，资源是构成众创空间生态体系的重要支撑要素，它包括人、物、财等多个方面，创客、专业技术人才、投资企业等为众创空间提供产品开发、技术研发等创新创业知识，而各种金融机构为众创空间生态体系的创业项目提供创业资金，专业技术人员为广大创客提供技术上的支持，而销售渠道的众商家则为创新产品提供外包装、产品策划与加工等服务。

市场是众创空间生态体系发展的导向，相关的人员对市场进行调研，准确地掌握市场需求，从而对创新产品进行需求分析，预测创业成败，因此市场不仅可以对众创空间生态体系发展情况进行检测，同时还能够为其发展提供助力和支撑力。

服务是支撑众创空间生态体系的一个重要动力。所有入驻众创空间的创客都希望拥有一站式的服务，从而减少个人创业的各种困扰，实现零障碍创业。众创空间所提供的服务除了政府机构之外，还是有许多非政府机构，例如培训机构、金融机构、中介机构等，只要创客们有任何需求，这些机构就能提供相应的服务，包括人力资源、技术培训、通信、市场评估，等等，使创业者完全没有后顾之忧。

政策与国家的号召与大力支持密切相关。其主要为政府机关制定的一系列扶持政策，包括财政支持、税收优惠等，只有在政府支持的大前提下，众创空间生态体系才会发展越来越好。在政府“双创”的号召下，万众创新的高潮为众创空间生态体系的建构提供了最大的支撑力。

文化也是众创空间生态体系构建的重要支撑力。任何一个组织或者是机构都需要文化的支撑。只有文化形成，人们创新创业的热情才会不断地被激发，表现出对创新创业的尊重，真正地推动众创空间生态体系的不断深入发展。

如果一个众创空间的生态体系能够具备这些主体和支撑要素，那么在未来的发展就会非常顺畅，不仅能够为广发创业者提供更好的创业平台，为其服务，同时还能响应国家号召，为国家经济建设贡献更多的力量。

2.5 众创空间的有效运行

众创空间生态体系的构建和运行都需要众多机制相互支撑，这样才能形成一个完整的体系。如果在这个体系中缺乏某种机制，那么众创空间所提供的服务就会有很大的局限性，从而对其发展起到制约作用。通常来说，众创空间生态体系的构建机制主要包括创新资源的集聚机制、多元主体的联结机制以及支撑要素的激励机制。

资源是众创空间生态体系中的重要元素，因此资源的集聚是构建众创空间生态体系的第一步。这种创新资源主要是针对一些特定的创新创业项目，它主要包括有形资源和无形资源两方面的内容。有形资源就是指人力资源、办公场地等，而无形的资源就是指各类信息资源，技术能力、知识产权等。而众创空间生态体系的创新资源集聚机制就是将全部的资源有效地集合起来，从而更好地为创新创业活动提供服务，更加系统化地保障初创企业的成长与发展。

多元主体联结机制在众创空间生态体系构建中发挥着重要的作用。因为众创空间中有广大创客、政府结构、融资机构、高校院所等多元主体，他们于各类创新资源相互交织成为一个庞大的网络系统，各个主体之间要不断地进行信息交换、业务往来、资源共享等活动，从而实现众创空间内部与外部环境的价值交换。因此，从作用上来将，多元主体联结机制一方面促进了创新创业活动的顺利开展；另一方面还能够维持和促进系统内部组织的发展，使系统保持一个稳定发展状态。

众创空间的激励机制是其发展的主要动力，同样也是重要的支撑，如果没有完整的激励机制，那么对广大创客的吸引力就会极大程度地降低。通常来说，这种激励机制主要来自政府的鼓励与引导、社会各组织的支持等。政府的积极号召以及各种扶持政策的出台，极大地激励和鼓舞了创客们创业的积极性。而广大的社会组织也是一个不容忽视的力量，各类金融机构为创客提供资金激励，科技中介等社会力量的介入也为创新活动提供了保障。事实上，创新创业的根本动力主要源于创业主体本身，尤其是科技创业的主体，其能动性是创业最大的激励，同时对众创空间生态体系的运转也具有非常大的促进作用。

构建好一个众创空间生态体系以后，有效运转就是一个极为重要的问题。良好的运行机制可以保持体系中各要素的逻辑关联顺畅无误，促进创新创业活动的深入发展。通常来说，众创空间生态系统的运行机制主要存在四个核心机制，即生态系统代谢机制、多层次创业网络嵌套机制、创业能力动态提升机制、用户价值创造机制。这些机制相互关联，互相影响，共同维持众创空间生态体系运转的内在规律。

生态系统代谢机制是维持众创空间生态体系生态活力的重要机制，它主要通过创客群体与创业资源的优胜劣汰来实现的。对于众创空间来说，创客是其发展的最核心动力，新创客不断加入，已经创业成功的创客不断离开，于是形成一种强大的生态活力。另外，在众创空间平台资源、社会网络等吸引力的共同作用下，各种类型的创业项目都开始向众创空间聚集，这就形成了良好的入驻资格竞争，更加体现出生态体系的活力。另外，众创空间面对的社会资源边界非常广，资源交互的通透性非常强，这就更促进众创空间生态体系的生态活力。

多层次创业网络嵌套机制是维持众创空间系统性发展的主要机制。在创客与创新资源共同形成的网络中，各种关联相互嵌套、纵横交错，构成众创空间生态组织。创客群体之间信息交流、知识分享、业务往来等形成各种网络联结，而创客与众创空间中各种资源之间的联结又促进了创业活动的发展。这样一来，各个网络联结相互交叉就构成了创客网络、资源网络等，最终在网络嵌套机制的总体调控下，形成一个整体的网络，高速有效地运转。

众创空间生态体系在构建时将空间内的资源集成、知识聚合，创业企业构建创业的战略和核心能力，按照初创期、成长期、成功期的动态不断成长。其中所构建的创业战略为企业发展提供了长远的指导与愿景，而核心能力则是为企业发展提供具体的运作方法。而众创空间最主要的功能就是将创客们所具备的新技术、最初的概念和商业模式的设想，通过各种创业资源的滋养，助推创业能力的不断提升。并且随着创业时期的推进而不断加强资源注入、调整战略定位、完善商业模式，从而利用创业能力动态提升机制提高众创空间生态体系的高速运转。

众创空间中几乎所有的企业终极梦想都是用户价值创造。用户的需求是众创空间所有活动的最终指向。创业企业按照一定的创业战略，围绕客户需求展开新业务，研发新产品，在众创空间用户价值创造机制的调控下，创客们不断地更新技术手段，提升服务空间，创造出更多的用户价值。

2.6 众创空间发展的理念

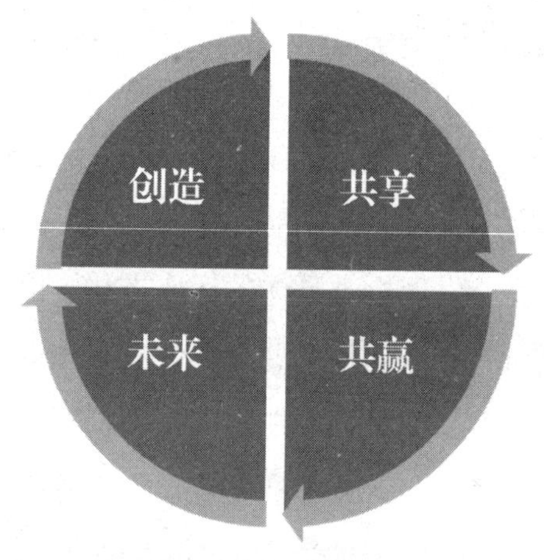

众创空间的发展理念

众创空间要想获得健康持续的发展，实现创客、投资者、众创空间以及社会的共赢，必须要遵循四个理念。即“创造、共享、共赢、未来”，只有遵循这四个理念去发展，众创空间才可以走得更远。

创造，就是众创空间为来到这里各行各业的创业者们创造了一个大家一起办公的空间。人们可以在创业企业进行创新，利用众创空间的创新能力来引导创业者的创新思维，以此来挖掘创业者的价值所在。众创空间为创业者们创造了舒适的办公环境，并不断地进行改造与升级，还不断地进行硬件方面的升级；众创空间为创业者创造了沟通的桥梁，让他们进行相互分享、相互帮助与相互协助；众创空间还创造了融资环境，为创业者提供了充足的融资资源，让创业者们拥有坚强的后盾。

共享，是让创业者共享空间、共享技术、共享人才、共享金融，以此来让创业者们走向成功，这样才可以不断地提升自己的实力，为创客们提供越来越高的服务支持，不仅如此，众创空间还拥有自己的一支强大而又有实力的团队，正因为如此，才能够让创业者在共享的过程中不断提升自我。

共赢，众创空间会成立自己的评估团队，对于一些好的项目会进行投资，以此来获得将来的收益。如果众创空间的实力越强，那么它将拥有更远的路途要走，如果一个众创空间没有创造资源的能力，那么它的结局将会是昙花一现，创业者也不会选择它，给予它支持，它也不会走得很远。

未来，众创空间可以为创业者提供应有尽有的服务，在此期间，它也应该集中精力规划自己的未来，让创业者看到希望。众创空间就是一盏明灯，为创业者们指明了前进的方向，他们可以通过这盏明灯看到未来，看到希望，因此，众创空间需要先成熟起来，然后带动创业者们成熟起来，相互之间变得更好，让彼此的未来更好。

2.7 众创空间的创业生态体系

众创空间生态体系的特征

众创空间是具有非常强的专业化服务能力，能够有效满足大众创新创业的各种需求，例如创业资金、技术指导等，它基于创客精神不断地促进创客成长，为广大的创客提供社区互动平台和生活场所，同时为创业资源和创客们搭建创业基础设施平台，方便其进行对接。另外，众创空间生态体系还是政府创业资源集聚空间，为广大创客提供全面的政策解读，使创业者能够完全享受政府的扶持和优惠政策，促进初创企业的发展。从理论上来说，众创空间拥有多元化的主体和众多的创业资源与服务，它们纵横交错、形成创业生态网络，并且不同层次的众创空间相互嵌套，具有非常丰富的生态多样性，因此将众创空间看作是创业生态系统是基于生态学隐喻创业组织新范式。众创空间这个生态体系能够进行自我调节，在一定的时期内保持健康、协调的发展，总是处于一种动态中的平衡。

通常来说众创空间生态体系作为新型的创业生态体系与传统的科技园区在很多方面都具有非常明显的差别，其中大众化、微小型、创新性、虚实结合等特征。

大众化特征主要体现在入驻项目方面以及创客角色方面。众创空间生态体系创客数量多，同时在国家双创号召下，出现了全民创新创业的热潮，各类型各层次之间的人物都开始自主创业，这样一来，众创空间生态体系就形成一个庞大的系统，广泛地吸收各种类型的创业者和创业项目，完全将大众化的特征展现出来。

微小型特征于众创空间生态体系的功能有着密切的联系。众创空间很多时候就会为一些四无青年或者微小企业创业创新提供服务平台，因此在众创空间内发展的项目通常起步小，创业团队人数少，展示出微小型的特征。这种类型的众创空间操作起来更加灵活，也更富有弹性空间。

创新性特征主要体现在广大创客们的创新思维上。入驻众创空间的创客们具有十足的创客精神，其创业主要是以新创意和新技术为主，使众创空间生态体系具有非常丰富的创造力，甚至研发出各种创新成果，取得重要的影响意义。

众创空间生态体系的虚实结合主要从入驻项目方面进行体现。在选择入驻项目时，众创空间通常不会有所设定，从整体层面上看具有无边界的特征，这就是“实”的所指，无边界指众创空间既可以在实实在在的地理区域上集中式发展，也可以在商业版图上分布式发展，不仅可以在高楼林立的城市中立足，也可以扎根于偏远的远郊农村。而虚所指的是空间之外的商业主体形成的负责网络以及虚拟的社会网络空间。随着互联网的不断发展，任何事情都可以通过互联网很好地实现，这就使得众创空间的无边界和广域性特征突显。

另外，众创空间生态体系还存在自组织和客户化的特征。自组织，是指众创空间内丰富的生态资源自发缔结网络并且动态演化，优胜劣汰，而客户化特征则是指众创空间的价值创造的基本逻辑和最终指向都面向用户，因此众创空间生态体系是客户化的生态组织方式。

无论众创空间生态系统的内涵如何，具有怎样的特征，其最基本的功能就是帮助广大创客实现创业梦想，推进国家经济建设发展。拥有创业梦想的人应该给予高度地关注，积极入驻，为实现创业梦想而奋斗。

2.8 众创空间知识生态环境

任何一个有特定范围的系统从生态学的角度来看都可以看作是一个生态系统，众创空间作为新型的创业交流平台，为广大的创业者而服务，因此也是一个生态系统。如果我们将众创空间看做是一个知识生态系统，那么众创空间内就存在很多影响知识获取、分享、传递、创新等因素，这些因素影响着众创空间的发展，主要包括便利的地理位置，开放式的办公场所、先进的创意转化设备、高效的网络平台、团队的良好协作、业务的关联性和知识的管理制度等。

从功能方面来讲，众创空间应该具备知识社区、开发平台等多重功能。创业者在这里可以获得知识资源或者是分享自己拥有的知识资源，通过开发平台分享自己的研发成果或者得到研发任务。同时众创空间不能独立地存在于社会中，它需要政府相关政策的扶持，需要各种融资机构的资金支持，需要各种类型中介公司的服务支持，因此众创空间事实上是一个非常复杂的生态系统，它涉及多方行为主体和利益主体。在这个知识生态体系中，资源的获得与沟通主要有赖于先进的互联网络，而其实现创新的关键就在于广大创客的知识共享。而知识共享的意愿和效率都受到众创空间知识生态环境的直接影响，也就是受物理空间、精神空间和虚拟空间的影响。

互联网技术的发展让沟通更高效

物理空间通常是指众创空间中可以看得见的部分，如便利的地理位置、开放式的办公场所、先进的创意转化设备、高效的网络平台等。从我国众创空间目前的发展形势来看，众创空间一般都位于城市中，并且处于各个交通要道上，尤其是在高校或者是研究所附近居多。因为在众多的创业者中，很多人都具有比较好的知识背景，这些位置方便他们进行知识学习和实验研究。开放式的办公场所一般以往封闭的办公室环境，使多人共处一间宽敞的办公室内，这样不仅方便“战友”之间的交流，同时也可以消除创业者的登记观念，增加创新热情。众创空间的办公环境要充足满足创新团队的交流，从而心灵不断碰撞激发更多的灵感。众创空间最基本的功能就是实现创意与创业的对接，将创意变成实在的产品，而这一过程的实现必须要依靠先进的设备才行，例如数控机床、3D 打印机等。高效的互联网络在目前基本上是任何系统都必需的，通过网络，众创空间的创客们可以获取资源，分享成功，搜寻技术、发布任务等，拥有高效的网络环境已经成为众创空间的吸引力之一。

精神空间通常是指众创空间创办者的价值理念和广大创客的信任度和精神面貌。其涵盖的内容比较广泛，包括文化的包容性，创业者之间的信任，合作愿景、未来发展的心理期许等。众创空间是由创客空间演化而来，其延续而来的重要特征就是亲自进行科技实践，并从中获得巨大的快乐。创客之间在技术创新方面十分注重，尤其强调知识分享，但是众创空间又更为广泛，看重草根和微小企业创新创业的激情，因此众创文化的包容性更强，突破了出身、学历等很多背景约束，打造一种平等交流学习、资源共享的文化氛围，使每一个拥有创业梦想的人都有施展才华的舞台和机会。良好文化氛围的营造不仅要依靠众创空间面向大众，同时还要求创业者之间以诚相待，彼此信任。创业者之间进行资源共享、学习，其基础就是彼此之间的信任，如果做不到这一点，不仅起不到创意交流的作用，甚至会适得其反。合作愿景只是创业者与众创空间之间的合作，通常创业者期望通过众创空间实现自己的创业梦想，而众创空间也希望通过自己的专业服务使创业者信任，双方相互信任，共同实现盈利的愿景。当双方的合作达到一个非常好的状态时，众创空间的优质精神空间就形成了。尽管众创空间发展十分迅速，但是其快速增长的背后也存在很多问题，一些运营不良、经营不善的众创空间很容易就会因为出现的众多问题而倒闭，这在很大程度上影响创客对众创空间未来发展的心理预期，从而影响整个知识生态环境。

虚拟空间是指众创空间内部的行为规范和环境氛围。物理空间和精神空间对创业者行为的影响在这个空间内集中地体现出来，其主要包括空间知识资产、知识管理制度、团队的协作精神、业务之间的相关性等。知识资产是众创空间中的专有资源，其主要用于组织创造价值，是知识创造与共享的基础。如果给知识资产进行分类，它可以包括概念、经验、体系等，无论是隐性知识还是显性知识，对于众创空间的发展都具有非常重要的作用。

众创空间不仅要为广大的创业者提供各种显性知识资产的服务，同时还需要通过各种方式改善知识生态环境，促进隐性知识的产生与不断传播，使整个知识生态体系更加完善。众创空间作为一个知识生态系统，其知识管理也必须遵循一定的制度，其涵盖的内容非常广泛，包括信息发布的正式或者是非正式的渠道、创客分享思想与技术的自由度以及知识分享的开放程度。众创空间不断朝着专业化服务方向发展，因此分工越来越细，但是各个部门有相互形成一个系统，需要一个团队协作才能更好地完成，于是各团队成员不断地交流经验，知识互补，最后完成产品的研发，这种团队的协作精神构成众创空间知识共享的重要软环境。创业者入驻众创空间以后，根据自己的创新思维给众创空间赋予了不同的主题，希望通过不断地知识分享和技术交流将创新与创业对接，转化成产品。众创空间为了开拓更好的市场，发展壮大，通常会设置不同的主体，从而满足各种创业需求。业务的相关性使得一些拥有相似或相同背景和专业的创业者沟通更加顺畅，有利于知识的创新与共享。

只要这三部分空间的构建、服务状况良好，众创空间知识生态环境就能达到一个非常好的状态，为广大创业者提供更好的服务。

2.9 众创空间与孵化器之间的差别

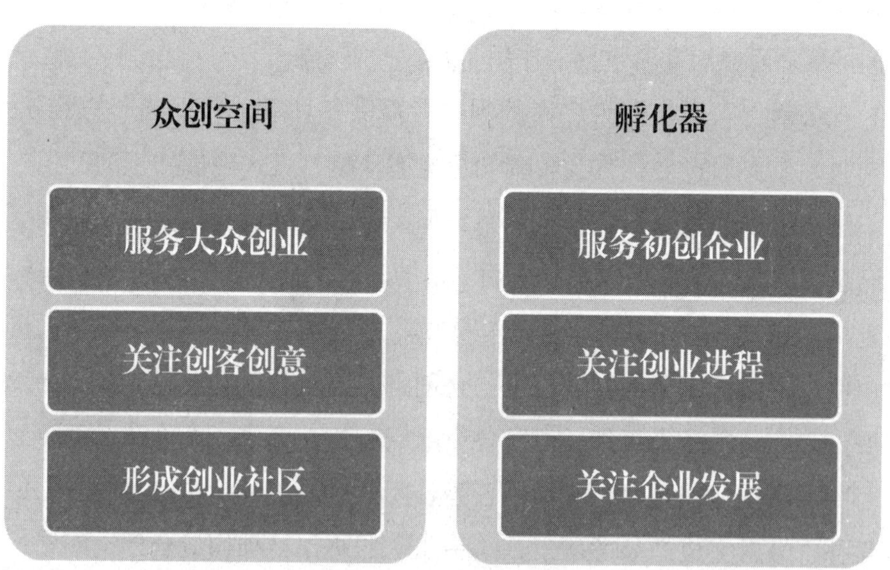

众创空间与孵化器的区别

总体而言，众创空间与孵化器这两者设立的目的都是帮助企业成长的。笼统来讲众创空间包含了孵化器的功能，但如果严谨来讲，众创空间与孵化器之间还是有差别的，他们之间的差别就在于侧重点和内涵有所不同。

众创空间相对来讲是一个比较新鲜的词汇，这一创业新模式受到国务院重视之后，迅速火遍大江南北，成为大众创业的代名词。这一创业模式首先是在国外兴起，后传入我国。很多年前，欧美的一些怀揣梦想的创客用不到波音公司 1% 的成本研制出了功能不亚于波音公司的无人机，无人机让人们看到了创客的力量。这样，创客开始进入了人们的视野。后来各种创客组织相继出现，在世界刮起了一股个体创业的热潮。这股热潮传入我国后，我国政府敏锐地把握住了大众创业带来的机遇，提出了“大众创业、万众创新”的理念，鼓励大众积极参与到科技创新和创业大潮中来，众创空间也由此进入了我们的视野。

众创空间是我国经济发展的一个新的模式，在我国经济转型的今天有着重要的意义。众创空间设立的初衷就是要为那些新创业的创业者以及刚起步的小微企业提供良好的环境。为他们提供低成本、便利化、全要素的服务。而众创空间就是服务的综合体服务平台。

相比于众创空间，企业孵化器的内涵要具体了许多，它的目的很明确，就是要为那些初创企业提供资金和相关的优惠政策以及科学的管理，帮助企业尽快地健康成长。其服务对象大部分是高新技术企业、科技型企业以及创业型企业。由此我们可以看到，众创空间服务的一般都是“大众”项目，只要是创新型的初创企业或有创业意向的创业者，都是众创空间的服务对象。其功能不但包括了传统孵化器的功能，同时还提供创意的完善、产品的定位、市场的分析等。

还有一个重要的区别就是众创空间重点关注的是创客的创意，即他们的想法是否具有市场价值，他们的创意是否具有开发的价值。而孵化器重点关注的对象则是创意的企业化进程，也就是说如何把一个想法变成现实中具有使用价值的产品。众创空间是在孵化器之上通过新模式、新机制、新服务、新文化融合发展后形成的一个服务社区。这里提供各种创新创业的要素，为创业者提供完善的创业服务。

2.10 一个创意的涅槃之路

一个创客从创新意向在大脑中产生到这一意向变成现实世界中真实存在的产业，期间需要有很大一段距离要走，在这一过程中需要面临各种各样的问题和环节需要攻克，所以一个创客的创新之路注定不会一帆风顺，而众创空间的出现则起到了为这个宝贵的创新意向保驾护航的重要作用。

一个新的创意从出现开始，首先面临的问题就是定向问题。这个意向要往哪个方向发展，在哪些领域应用，适用于哪些受众群，创意能给消费者生活带来哪些改变，对于已有行业能够带来哪些突破性的变化，这是创意之初必须要想明白的问题。

新的创意需要面临的第二个难题就是产品定型难的问题。这一问题出现的基点就是你的产品在确定了基本方向后，如何满足你消费群的实际需要，产品要以何种形态来与你的消费者见面，什么样式的产品才可能获得消费者的认可和接受，创客必须要明白，只有为消费者接受的产品才是一个成功的产品，你的创意才是一个有效的创意，所以这一难题在创新过程中必须要解决，且十分的关键。

新的创意需要面临的第三个难题就是商品定位难的问题。这是一个十分现实直接的问题，产品定型，只是说你的创意在转化成了产品，在此基础之上你必须要将你的产品转化成商品，在此过程中，产品本身的定位占很大一部分比重，但产品进入市场后的定位问题也将决定你的产品是否能够快速转化成商品，你的创新能否变成实际销售中受消费者欢迎的商品。

新的创意需要面临的第四个难题就是品牌难落地的问题。品牌是一个产品的核心价值所在，品牌价值代表着这件产品真正的价值所以，其附加值甚至要大过产品本身。品牌落地难就难在如何创造一个让消费者容易接受、对消费者感官造成强烈冲击和认同，在产品本身质量优势的基础上，将消费者对这件产品的好感和认可转化到品牌之上，这需要在品牌打造，产品包装等环节做大量的工作，让好的产品穿上合适的外衣，完美呈现在消费者的面前。

而上述工作，对于一个创客而言，凭借自己的力量是根本无法完成的。所以创客就需要众创空间的协助才能实现将大脑中的梦想变成消费者手中的商品。众创空间是一个创客实现自己梦想必须要走的一条路。

而众创空间的任务就是要精心呵护创客大脑中那闪光的一瞬，将灵感转化为商机，将商机孵化成具有商品意义的产品。而这一过程就是在不断解决上述问题的基础上，让创客的灵感不断深化，最终实现凤凰浴火般的涅槃。

面对创客极具前景的创意性思维，众创空间会从五个维度对这一创意进行孵化和开发，第一是历史文化维度，赋予这一创意以文化内涵，给予其鲜活的生命力；第二是企业资源维度，根据创意的自身特点以及其所处的具体环境及地缘优势，因地制宜将这项创意的潜能发挥到最大；第三是从行业角度，利用众创空间开阔的全局性视野，将创意置于整个行业的角度进行维护和开发，使创意的生命力更强，发展潜力更强劲；第四是从国家宏观政策的角度来关照这一创意的发展前景，有效利用国家的优惠政策扶持，为创意的转化和发展插上腾飞的翅膀；第五，从知识产权成果保护的角度，明确和保护创意的知识产权，在实现知识产权保护的同时不断将创意优化，孵化一个极具发展前景的项目。

众创空间在上述工作理念的前提下，协助创客不断完善和提升自己的创意，将其潜力发挥到最大。首先要做的是将一个创意转化成成果，只有开发出技术成果，一个创意才具备了可供开发的价值，赋予创新成果以自身独特的基因，铸造不易超越的技术壁垒，确立技术成果的禀赋优势；其次众创团队协助创客对创意的定向、产品的定型、商品的定位、品牌的打造方面与市场进行准确对接和匹配，使之成为具备市场考验的成熟的科技成果，完成创新理念的再一次创新；最后，以成熟的科技成果为基础，聚合创新要素资源，创新技术系统、服务系统、资源系统、平台系统，构筑创新微生态环境，通过外挂智库和贴身孵化两种服务方式，对创新力、决策力、执行力、盈利力等企业竞争力全要素进行创造性提升，解决技术资源与实际应用之间的脱节问题，使产品开发环境与市场用户信息之间的相互匹配，经过各要素交叉递进的动态进化过程，有效实现科技成果的市场化转化，实现品牌落地，提升综合竞争力。

第三章 沟通碰撞创新的火花

沟通只是手段，知识与经验的交流才是我们想要的结果。众创空间是一个知识与创意汇聚的空间，在这里各种创新的想法和灵感交织在一起，并随着创客们之间以及创客们与创业导师们之间的沟通而发生着激情的碰撞，空间不再是阻碍沟通的障碍。随着沟通次数的增加，新的灵感不断出现，已经成型的技术成果不断地完善，有一批高科技、创新型企业呼之欲出。

3.1 让沟通突破空间的束缚

众创空间是一个放飞梦想的地方，在简单的出租办公桌上，越来越多的创客开始将自己的梦想放飞。这个创业的平台之所以如此受青睐，不仅仅是因为这里有咖啡，有并肩而行的战友，有保姆式的全方位服务，而是因为在这里可以实现观点的碰撞，为创业者提供良好的工作空间、网络空间、社交空间和资源共享空间，从而使沟通突破空间的束缚。

从现实情况来看，创业者有一个共同的痛点，那就是缺资金、缺人才、缺资源，尽管入驻众创空间以后，该平台会利用完善的配套机制帮助创客们解决这一系列的问题，但是创业梦想以及关于企业的成长方向，则是创客自己必须要考虑的问题。每一个创客心中都有一个未来企业的蓝图，但是这份蓝图是否完美却没有一个肯定的答案，或许它因为个人思想的局限性而并不完善，这时众创空间的开放式交流正好能够弥补这样的一种缺陷，至少可以见证每一个创客心中的创业蓝图是否完美无缺。

众多的创客聚在一起工作，首先打破了过去自己闭门造车的创业局面。面对各种类型的创业者，创客们能够感受到各种创业观点与思想的不断碰撞，并且从中萌生出新的想法，完善自己思维上的不足，创造出更多的可能性，使企业发展更为顺畅。在宽敞、舒服的空间内，创客们不断进行思想上的沟通，互相交流经验取长补短，很多陈旧的思想观念不断受到新思维的冲击，同类创客间还可以进行资源共享，实现互利共赢，这才是众创空间更能吸引的人的地方。

除了提供优雅的工作空间、完好的资源共享平台以外，社交空间的拓展对创客们来说，也具有相当大的诱惑力。一个企业若想取得长足的发展，一定不是独立地存在于社会中，它必须要有广泛的社会交集，而众创空间所实现的社交空间使沟通更加无障碍，可以说为广大创客提供了人力资源保障，冲破了过去寻找合作伙伴，努力推销自己的空间约束，入驻众创空间，本身就是对自己的一个完好展示。

众创空间为创业者提供舒适的沟通环境

随着信息技术的不断发展，网络平台已经备受关注，创客空间更是将这一方便、快捷的交流平台收入囊中，很好地利用起来。相比实实在在的办公室、办公桌的空间距离，网络平台交流更是毫无障碍。它突破了地域空间上的限制，只要创客们有想法就可以同任何一个空间的人进行交流探讨，从而吸收来自四面八方的想法和创意，激发自己的新思维。

对于众创空间来说，其目的并不只是盈利，而是想要打造一个创业者的社群经济，可以让所有的会员能够进行实时交流，分享经验，只要入驻众创空间，就可以脑洞大开，灵感无限，不断开拓创业新思维，这时，众创空间才会体现出其真正的作用。

3.2 思维碰撞更频繁

思维最初是人脑借助于语言对客观事物的概括和间接的反应过程，因此人们所接触到的客观事物对思维的活跃程度有着很大的影响。如今，正是大众创业、万众创新的狂热时期，创业者想要使自己的思维更加活跃，就必须走出空间的障碍，摆脱闭门造车的窘境，与他人进行更多的思维碰撞，并且从中寻找更多的灵感。

所谓创业创新，最重要的就是要有非常新颖的创意，能够想到他人预想不到的东西。然而毕竟个人的思维是有局限性的，想要成为一个成功的创业者必须要集思广益，寻找更多能够激发灵感的机会。针对这一需求，城市里涌现出来越来越多的众创空间。这里聚集了各种创意人才和优秀的企业，涵盖办公、交流以及创业孵化功能。

对于众多的创业者来说，寻找一个适合办公的地方并不是非常困难的事情，但是寻找一个好的交流环境却是比较困难的。在众创空间内经常会举办一些开放式的交流活动，这是众创空间优于各种联合办公室的一大特色。创客们在这里可以进行各种各样形式的交流，使思想碰撞更为频繁，从而激发出创客们更多的创新灵感。

小徐的家乡盛产竹子，村子里的人世世代代都以编竹筐为生。小徐没有上过大学，一直在村子里，但是他却并不甘心一辈子生活在村子里。他想，如果将家乡的竹筐生意做得更大更好一些，那么村民就会改变现在的生活状况，于是他办起了属于自己的小作坊。但梦想与现实总是存在太多的差距，竹筐生意并不是特别好，家乡附近都是竹子，尽管有外来的人收购竹筐，但是竞争相当严峻，如果自己再不寻求新的出路，可能自己这个小作坊都很难维持下去。于是小徐打算走出家乡，去外面的世界看看。

来到市里，他漫无目的地走在大街上，这样繁华的地方他还是很久之前来过呢。对于自己的创业他丝毫没有头绪。偶然一个机会，他听说了众创空间，于是他决定去看看。这里的景象让他感到惊讶，一壶咖啡，一群人围坐在一起讨论着问题。他默默地坐在那里听着，学习着他人的创业历程。后来又主动同他人交流，渐渐地他萌生了一个想法，那就是利用网络推销自己的产品。但是这个想法如何去实现，他一无所知。所幸的是众创空间里有着非常全面的服务，帮助他正式创办了公司，进行专业的网络销售指导，同时还帮其规划制作一些竹艺品等，小徐的竹制品公司终于走上了正规化。

不难看出，众创空间为创业灵感提供了充足的养分，只要你入驻众创空间，就相当于已经成功了一半，它会让你与创客们的思维频繁碰撞，从而激发出更多的想法，然后众创空间一站式地服务帮你将创新与创业零距离对接，你就可以迅速成为一个成功的创业者。在这个过程中，你只需要提出自己创新的想法，然后积极参加到众创空间各种开放式的活动交流，让自己的心灵频繁碰撞，取长补短、融会贯通，从而变成自己独特的思维方式即可。

3.3 大数据思维成常态

近些年来，随着云技术的发展，大数据也越来越被人们所关注。所谓大数据就是指海量的、多样化的、需要新处理模式才能具有更强决策力的信息资产。到目前为止，大数据已经渗透到当今的每一个行业和业务职能领域，成为非常重要的生产因素。大数据技术的应用，使得人们的工作、生活和思维方式都发生了很大的变化，已经发展成为一种思维常态。这预示着新一波生产率的增长和消费者盈余浪潮的到来。

对于广大的创客来说，在加入众创空间之前，每一个人心中最清晰的概念就是我要创业，至于我要做什么、如何做、怎样才能满足广大消费者等问题，他们的心中也许并没有非常明确的规划与思考。即便是有，那么他所想到的数据也无法全面化、系统化，这样，如果没有众创空间大数据的思维，创业就很可能进入到一个非常狭隘的空间中，创业的成功率就难以保障。

众创空间精英的工作团队早已进入到大数据时代，它会帮助创业者们进行一个思维上的转变。首先是在数据的筛选上，通常来说，创业者在决定创新项目的时候，都会对项目的可行性进行研究，最基本的方法就是从市场中抽取样本数据，然后作为参照，从而判断自己的产品是否拥有广阔的发展前景，然而样本的随机性可能就会导致偏差，甚至会对创业方向产生误导作用，但是众创空间的大数据思维，会将处理的数据变成全部数据，相关的服务团体会通过计算机技术为创客们搜集到全部的数据，从而以零偏差的判断帮助创客规划销售市场，创业者可以通过获得和分析更多的数据，对自己的创新创业进行全面的思考，从而更加清楚地明白样本数据所无法揭示的细节信息。其次就是在精准性追求方面，小数据时代，由于收集的样本信息量比较少，最后确保留下来的数据尽量精确化、结构化，否则得出来的结论在推及总体上时就会出现“南辕北辙”的结果，这对创业者来说，是绝对致命的。大数据技术的应用使创业者能够从大量数据中获取知识和洞见的能力。大数据思维不得不接受数据的混杂性，这可能会打开一扇从未涉足的世界之窗，使之后的创业道路更加宽广。最后就是大数据思维更加关注相关关系，而不是对因果关系充满渴望。这样才会推动创业者颠覆千百年来人类形成的传统思维模式和固有偏见，激发出绚丽的智慧创新。

事实上，众创空间大数据思维对创客思维方式的改变还存在很多个方面。思维方式的转变对创新创业都有极大的帮助。众创空间可以引导创客们转向大数据思维，对自己未来的企业有一个宏观上的调控，从而使创业成功率更高。通过入驻众创空间，通过大数据思维的转换使创客们意识到我们已经生活在一个网络高度发达的世界，拥有这种思维模式，可以将过去无法解决的问题全部解决，同时也会在管理和商业模式创新，进而产生新的价值，这种思维转变对于创客们来说具有极大的挑战性，需要与众多创客不断地沟通碰撞以及众创空间团队的帮助才能产生创新的火花。

3.4 碰撞中实现量变到质变的转化

随着大众创业、万众创新的号召深入人心，众创空间也顺应时代的发展拥有了广阔的发展空间。创客们在这里不仅能够得到国家政策最全面的解读、第三方专业服务的支持，更重要的是，创客们在这里可以进行思想上的交流与碰撞，就像高能加速器中的粒子一样激烈地碰撞，从而萌出生各种创新理念。

事实上，创客重塑新的思维并不是一件容易的事情，它需要不断地去与其他创客进行交流，并且在交流的过程中，不断地汲取他人的想法，融会贯通，最后将其变成自己的思维。接着在这样的基础上，创新理念才会不断地被激发出来。可以说，创新理念的产生是创客之间思想交流碰撞从量变到质变的一个转化。入驻众创空间，如果你不与他人进行持续交流，那么你的创新很可能就会有局限性，甚至只是在小数据范围内所产生的，缺乏大数据的支持，从而在“质”上难以实现飞跃。

李丽听说众创空间是一个帮助创客圆梦的地方，她就想去寻找一些创业的灵感。这些年她打工积攒了一定的资金，想自己创业，于是她在家乡承包了一大片荒山，但在具体业务发展方面，她却犯了糊涂，反反复复拿不定主意，不知道做什么好。入驻众创空间后，她就坐在围成一圈的人群中讲述自己的创业困扰，创客们纷纷帮她出主意，有的说应该搞养殖，有的说种经济果树，等等，李丽想，这些想法也都是我自己想到过的，看来众创空间的思想碰撞也不过如此。从那以后，李丽也不再去众创空间交流，只是自己不断地出去考察，但最终仍没有太大的效果。

后来有专家提醒她还应该多去听听大家的创业经历，或许能够从中找到灵感。于是她又开始和大家进行交流，有时甚至只是在旁边静静地听着。慢慢地，李丽觉得自己的视野开阔了，很多过去没有想过的问题现在都想到了，创业的眼光也放得更加长远。有了这个体会以后，李丽每次与其他创客思想交流以后，自己回家都要进行总结，将他们的优势吸收，规避劣势，不断地取长补短，总结自己创业可能有的发展机遇和难题。不知不觉中，李丽入驻众创空间也有一定的时间了，这天她翻看自己的交流心得，忽然一个想法在脑海中闪现，针对创业项目大家各有各的看法，何不将这些看法综合一下呢？有了这种想法以后，李丽专门寻找众创空间的创业指导人员帮助，最终确定了集养殖、种植、采摘等项目于一体的生态旅游体系。项目启动以后，果然取得了非常可观的成绩。

不是每一次思想碰撞都能激起创新的火花，交流事实上是一个博采众长的过程。如果你能够不断地去收集来自各个方面的信息，终有一天量变会发生质变，这时你的思想才是众多想法中的精华汇聚，是一些创新的提炼与升华。将它们很好地利用起来，创业才会更加完美。

3.5 让创新思维更加活跃

随着李克强总理大众创业、万众创新的口号提出，“创客”一词引起了非常高的关注度。越来越多的人响应这一时代的要求，开始创新创业，为我国经济发展加油助力。可以想见，在未来的改革发展中，我国将会涌现出无数的创客，使全面建成小康社会、全面深化改革、全面推进依法治国、全面从严治党的战略布局在万众创新中逐步实现。

然而，创新并不是一件容易的事情，它必须要具有非常新颖的想法才行。如果人们的创业都在传统行业的基础上实行，那么经济建设就很难有突飞猛进的发展，经济就找不到新的增长点，势必会导致国家整体经济的衰落。因此国家政府不断地鼓励人们创新，支持众创空间的发展。对于创客来说，想要不断创新就要具备活跃的创新思维，这对人的能力具有非常高的要求。通常来说，人的思维都会有一定的局限性，想要有所突破，就必须要接受新思维的碰撞，而这种交流与碰撞最好的平台就是众创空间。

在众创空间中，广大的创客不断地进行交流，不断地接受新信息和新事物，从而使创新思维更加活跃，用创新的思维模式取代传统的思维模式。人的行为方式受思想支配，思想改变，原有的生活方式和行为方式就会改变。一旦创客们在众创空间中思维得到塑造，那么就会激发出更多的创新灵感，从而涌现出更多的新思路。

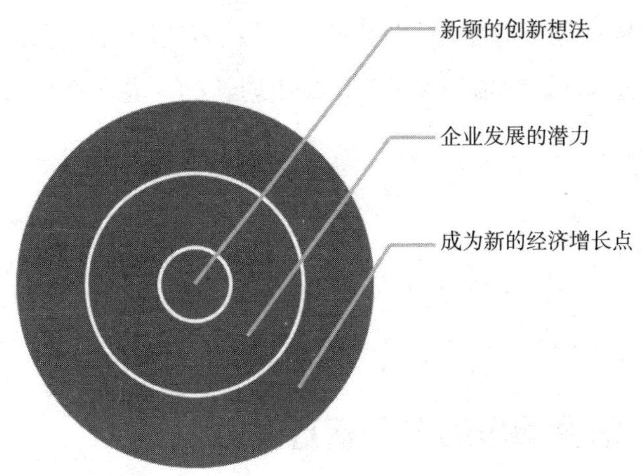

创新是创业的关键

张强总想着要干一番自己的事业。他也曾创过几次业，但都以失败而告终。究其原因，他发现失败的原因只有一个，那就是不懂得变通，思维太过于老套。张强前几次创业都是在步别人的后尘，看到别人发展好了，他就开始干，结果遇到瓶颈的时候，他依然固守自己的想法，最后只能面对失败。后来朋友帮他分析，之所以每次创业都会失败，就是因为张强总是选择在市场快要饱和的时候创业，这时发展空间已经压缩得非常小，再没有发展的余地了。对于这件事情，张强只能表示遗憾，但是无能为力。他知道自己的想法太过于老套，总也没有什么创新，于是他加入了众创空间。

和创客们在一起交流，张强觉得自己的眼界实在是太过于狭窄了，这里有自己从前听也没听过，想也没想过的创新想法，这让他极为受益。几天以后，张强觉得自己的思维活络了很多，脑海中总会闪现出很多新的想法，尽管都还没有创业的雏形，但明显感觉自己思维发生了变化，在遇到困惑或者是特别艰难的问题时，他总会通过其他的办法去解决，而不是像之前那样一味地深陷下去。

如果想要使创新思维更加活跃，入驻创客空间会使思维重新塑造，逐渐养成一个思辨性的习惯和素养，使创新的火花不断地喷发，助力创业的成功。

3.6 众创空间里的沟通新方式

众创空间是最近几年最火热的一个词语，它作为新型的创业服务平台，不仅是要给广大的创客提供良好的开放式工作环境以及丰富的共享资源，同时还要给创作团队提供更多的信息交流。为了减轻较大的沟通成本，提高信息分享的效率，减少创客们由于地理位置局限性而产生的遗憾，众创空间逐渐摸索出一种沟通的新方式——视频会议。这种新的沟通方式在众创空间中具有非常明显的优势，给创客们带来很大的便利。通过视频会议，众创空间会把自己掌握的创客资源与入驻企业进行分享，与来自不同地域、不同国家的创客们通过众创空间自己的资源和渠道实现沟通，通过沟通，创客间的思维实现碰撞，新的灵感和思路不断迸发，大大提高了创业的效率。除此之外，这种沟通方式还有许多优点，主要体现在以下几个方面：首先，是解决了出行不便，异地交流不畅的问题。众创空间中的很多创客因为地域的问题出行并不便利，因此会缺少很多交流的机会，视频会议冲破了地理上的限制，使任何地域的人都能够参加，同时还节省了场地空间，降低了沟通成本。而对于异地的同行或者是导师，他们想要参加沟通活动也变得轻而易举，他们不用长途跋涉就能够享受各界行业大咖的经验指导以及导师的创业指导，这样节省了很多在路途中的时间，极大地提高了工作效率。

其次，就是能够将自己的创新想法随时随地地与创客们分享。在众创空间中，很多创客都会加入到创业团队中，一旦有新的创意和想法就会想要立即同团队成员分享。有时候创新仅仅只是一瞬间的灵感，如果不能及时沟通，很容易就会错失良机，同时创业团队也需要不断地向投融资方反馈项目的工作进度，因此视频会议使沟通更具有即时性。

再次，就是能够完美地展示创业项目，从而争取更多的投融资机构的青睐。在众创空间中，很多项目会议并不能与投融资机构的人进行直接的沟通，这样创业团队就很难将自己的想法和创意完整地展示出来，这样就很难得到投资人的垂青，从而难以实现创业资金的引入。但是使用视频会议，这种情况就能够很好地解决。创业团体可以通过视频清晰地将自己的创业理念、设计构想等完全地展示出来，从而使投资方更加清晰地了解到项目的可投资性，从而放心地将钱投入到项目中来。另外创业团队在作项目跟进的时候，有时需要专门进行会议纪要，视频会议对投资人所有的需求都会进行准确的记录，从而给创业团队带来更好的跟进方式。

最后，就是使工作效率更高。众创空间中入驻的创客众多，如果一一进行创业培训指导，那么沟通的成本就会大大增加，甚至还会因为时间问题而耽误其他重要的工作，最后导致工作效率降低，视频会议完全解决了这一问题，对创客们进行集中培训指导，使工作效率大大提高，在很大程度上缩短了创业者与创业成功之间的距离。

众创空间是一个沟通的平台，如果能够广泛地将这种新方式应用到实际中，那么对众创空间的发展将会起到很大的促进作用，更好地实现其存在的价值。

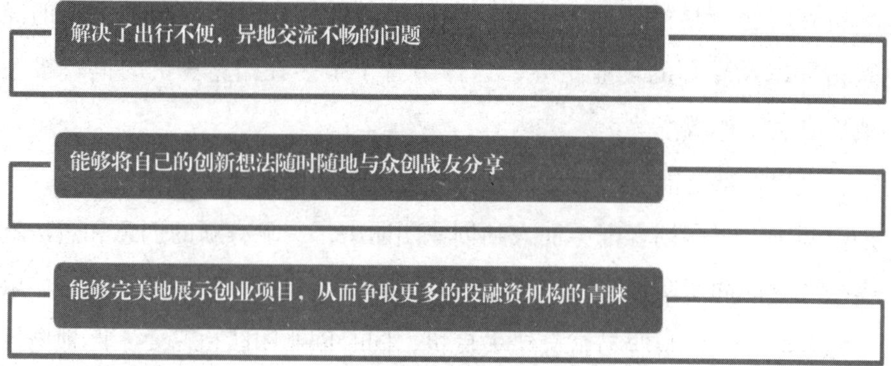

众创空间的沟通优势

3.7 创新思维不再特立独行

人类从原始社会发展到科技高度发达的现在，创新思维起到了非常关键的主导性作用。无论是从物质文明还是精神文明上看，没有创新，人们固守已有的东西和思维生活，势必会导致人类发展停滞不前。因此人们想要进步，想要生活得更加精彩，就必须要不断地启动创新思维。

然而创新是一件非常艰难的事，因为新事物在其诞生之前并不存在，所有那些拥有创新思维的人的所做所为都被看作是特立独行，得不到他人认可，更有的人会认为这些创新的人就是疯子，不可理喻，于是创新处处受限，不能以最好的姿态呈现出来。可是创新一旦成功，人们又会说天纵奇才，这个拥有创新思维的人就被人们看成旷世之才，美名远扬。由此可见，创新是险峻高山的无限风光，攀登创新的高峰，就需要有跋山涉水的勇气才行。自古以来，与众不同的拥有创新思维的人最初都会遭遇各种困境，不会一帆风顺地实现创新，但就是这些“疯子”最后登上了成功的顶峰。

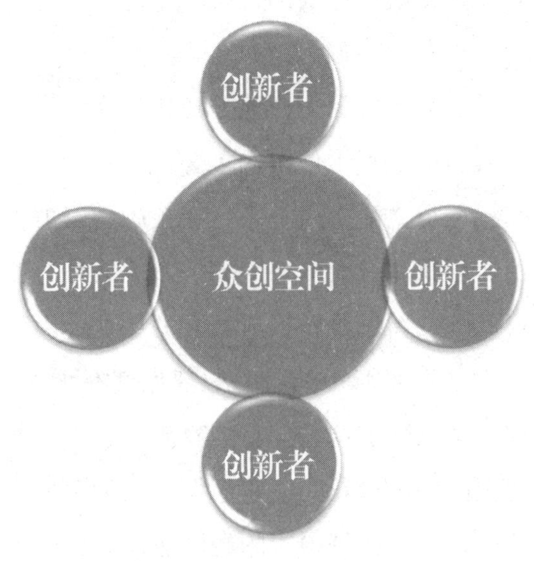

众创空间成为创新者的乐土

爱迪生发明电灯是一个耳熟能详的故事。但是正他的勇敢创新使世界人民的生活上升到了空前的高度。在他生活的年代，人们照明通常都使用蜡烛或者是油灯，晚上生活不便。因此，爱迪生萌生了发明电灯的想法。这个想法在当时可谓是绝对的新潮。因为电灯热度高，必须要使用非常耐用的材料才行，而具体是什么材料，也无从知晓。

爱迪生有了这样的创新思维后，就开始着手实验。实验室里所有的材料他都进行尝试，但是却一次次的失败了。但是他并没有因此而灰心，依旧不断地坚持自己的创新。几年之后，爱迪生不断失败的经历成为人们茶余饭后的谈资，在别人看来，他的创新简直就是白日做梦，更没有人会去帮助他。尽管现实的环境非常恶劣，但依然阻挡不了他的决心，最终成功发明了电灯，照亮了千家万户。而他自己也从人们口中的“疯子”变成了伟大的发明家。他所做的事情也最终得到了人们的认可，不再是特立独行。

如今，社会正在发生着翻天覆地的变化，在大众创业，万众创新的大好形势下，人们都看到了创新的重要性。对于任何创新的思维都不觉得另类，或者是与生活格格不入，甚至还会努力去丰富自己的思维，想要自己创业创新，进而取得一鸣惊人的成绩。然而并不是所有的人都能够将自己的创新思维转换成实际的创业，因为他们受到了各种各样的阻碍，以至于脑海中的灵光乍现也就在无声无息中消逝了。众创空间的出现，又点燃了这些创新的梦想，它主要的功能就是不断挽救那些瞬间产生的创新火花，使它们发展成为燎原之势。从而帮助人们完成创业梦想，大力促进国家的经济建设。而广大的创客们也不用再担心自己的创新会被看成是另类，万众创新已经发展成为社会的主流，国家政府对各类创新给予极大的扶持，这些更激发了创客们的雄心壮志，誓将创新进行到底。

3.8 众创空间导师对创业者的帮助

对于众创空间的每个创业者，即使拥有再多的学识，拥有再多的经验，来到这里还是要经过专业导师的引导、培训之后，才能称得上真正属于众创空间当中的一员。这时，导师对于企业发展的作用就非常大了，能够在一定程度上有效地提高创新创业的发展能力。

创业成功者都会经历一段非常艰难的发展阶段，他们在创业的道路上会经历多次失败，而又鼓励自己多次的不放弃才能到达成功的顶峰。如果在这段历程中、在创客空间有导师为他们指引方向，针对他们可能要走的弯路提出合理性建议，那么，创业者就能够快速地沿着正确的方向前进，最大限度地降低，甚至于避免创业方面面临的风险。

导师除了要有全面先进的创业思想，在实战对方面也要临危不惧。众创空间的导师并不单一，涉及各个领域，有涉及技术方面的导师、涉及管理方面的导师、涉及金融方面的导师、涉及财务与法学方面的导师。但与创业者不同的是，他们没有亲身经历过这些方面的创业经历，但却属于这些方面的专家，更具专业性与针对性，可以针对创业者存在的缺点一针见血地提出相应的建议。

对于技术精通的导师可以为创业者解决项目或产品技术开发方面的问题，如果创业者在研究自己的产品时，哪里遇到了难题，都可以通过导师的指引而柳暗花明；管理方面的导师可以为初创企业提供各种与内部有关的管理问题，包括管理措施、管理流程等，运用科学的方法为他们规划一个美好的未来；金融方面的导师可以作为创业者与创投、风险、担保或天使投资人之间衔接的纽带；财务方面的导师可以让创业者学会如何去利用创业资金，将风险降至最低；法学方面的导师可以让创业者懂法、守法，立于市场竞争中，必要时，还会为其提供法律方面的援助。

为了能够提高众创空间创业导师工作的积极性，对应的创业导师管理机构应制定适宜本地区的创业导师奖励机制，按年或按季度，或者也可以按月给予优秀导师精神或物质上的鼓励，这样，才能够鼓励导师与创业者维系良好的关系。

众创空间可以开展创业导师选聘，也可进行师资培训或导师团队建设等，以此来提高导师的整体素质，壮大创业导师队伍，这对于推进众创空间的发展具有十分重要的意义，同时也为创业者的事业发展奠定了坚实的基础。在未来众创空间作为孵化器新模式快速发展的同时，切记，不可缺乏的就是专业的创业导师。

第四章
让好项目拥有自己的舞台

人们常说一句话：理想很丰满，现实很骨感。这句话所表达的意思就是人们有时候想得很好，但是现实往往困难重重，导致美好的想法无法变成现实。具体到创业这件事上，众创空间的任务就是让你理想很丰满，现实也很饱满。只要你的想法足够好，创意够新颖，众创空间就能给你一个展示自己的舞台，让你的创业想法得以实现，让你美好的想法成为改变人们生活的产品。

4.1 最全面的政策解读，最合适的政策扶持

在今天的社会，创业已经成为许多人的选择。创业成功不仅能够提高物质生活水平，使自己的收入不固定在上班一族的工资上，同时还是一种能力的体现。人可能存在无限的潜能，而这种潜能只有在一定条件下才能被激发出来，因此人们总是想要不断地挑战自我。而创业正是将人们这两种需求结合起来，于是越来越多的人崇尚创业。尤其是一些大学生，对创业更是充满渴望，在学校学习了多年的知识，想要立马一展身手，活出全新的自我。

对于创业，国家所持有的态度是大力支持的，因为这样不仅能够解决创客自己的就业问题，同时还能给更多的人提供工作岗位，增强我国的经济实力。同时创业者具备各种各样的新思维，能给国家经济发展带来更多新的活力。因此，国家会给予创业者一定的扶持，无论是理论指导还是经济帮助等都对创业者有很大的帮助。

然而并不是所有的创业者都对国家的扶持政策有清晰的认识，因此许多创业者在创业的过程中会觉得创业道路艰难，孤立无援，甚至因为很多难以克服的困难而导致创业失败。众创空间作为一种新型的创业交流平台，为创客排忧解难是其最根本的宗旨。众创空间不仅在硬件设施上完备，给创客营造舒适的办公环境，同时在柔性资源上也十分齐全，会为创客配备资深的专家和顾问，解决创业过程中所能遇

到的各种问题。

当创业者空有创业热情和创新想法的时候，只要入驻众创空间，就能获得众创空间全方位的帮助。如果创客对于国家扶持政策存有疑问，或者对扶持政策理解不到位的情况，众创空间的专家团队就会为创业者提供积极的帮助，为创业者提供最全面的政策解读，将最适合的扶持政策摆在创客面前，这样一来，创业者自己无能为力的问题瞬间就迎刃而解，这也是众创空间为创业者提供帮助的最直观的体现。

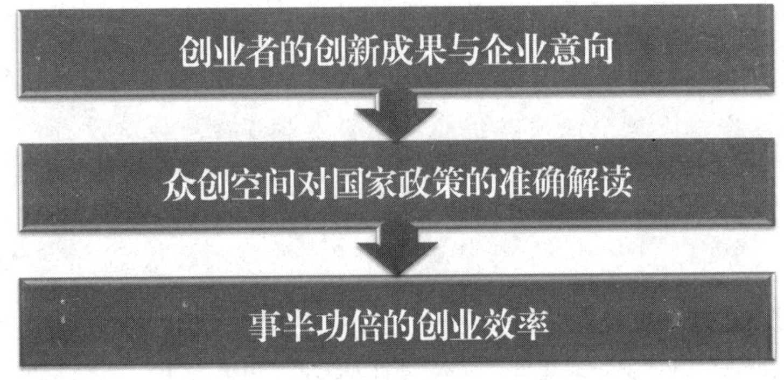

政策解读对于创业的重要性

张磊刚刚大学毕业，他上学时就立志改变家乡的贫穷面貌。大学毕业之后，他想到的第一件事情就是自主创业，将家乡的土地资源和人力资源全部利用起来，帮助村民们脱贫。但是因为创业前期需要投入较大的成本，这下让张磊感到格外为难。因为供他上学已经让拮据的家庭捉襟见肘，父母现在再也没有力量支持他的事业了。

但是张磊不甘于去找一份工作，他胸中燃烧着熊熊的创业热情，于是张磊开始向亲戚、朋友借钱，有些人觉得张磊的开荒创业计划太过荒唐，拒绝了他，有些人确实因为困难无法施以援手，最终的结果就是几个月来张磊还没有筹到一半的启动资金。面对马上要搁浅的创业梦想，他懊恼极了，也绝望极了。在一次偶然的机会，张磊入驻了某众创空间，在这里张磊不但得到了创业的相关指导，而且通过众创空间专家对国家政策的解读，得到了国家对大学生创业支持的无息贷款，并且还帮他办理了很多创业上需要的手续，这让张磊信心大增。他每天都会在众创空间的平台上学习成功经验，并且引入到自己的思路中。如果没有众创空间，张磊无论如何也无法知晓国家对大学生支持的这些优惠政策的。

如今张磊家乡的荒山已变得绿树成荫，各种经济果树欣欣向荣，这个村子完全摆脱了贫穷的落后面貌。张磊无时无刻不感谢众创空间的专家们在政策方面给自己的解读与指导，感谢众创空间里伙伴们的鼓励，感谢在众创空间所获得的一切资源和渠道，他将在自己创业的道路上继续努力。

张磊的成功并不是偶然，每一个加入众创空间的人，创业成功的机会都能大大提升。试想，如果没有众创空间的帮助，张磊的梦想就只能暂时破灭，而在众创空间的全面服务和帮扶下却迅速的成功了。只要你有梦想，众创空间就会尽可能地帮助你实现，为你做最全方位的政策解读，使你对各项国家的扶持政策都熟记于心，去应对更多的创业困难。

4.2 第三方专业服务的接入提高创业效率

众创空间作为一种新型的创业交流平台，其所拥有的能量是无限的。而其强大的功能主要来自对政策集成效应的发挥以及各方社会力量的利用。在众创空间对创客们所提供的创业帮助中，不仅仅是办公的空间、人力资源和信息上的帮助，同时还有第三方专业服务。

创业并不是一件容易的事，不是一个梦想和一个办公地点就能解决的问题，因为立足社会，必须要受到政府的监管，任何事情都必须在合法性地前提下进行。因此，创业者必须要完成注册公司、缴纳税款等一系列相关的手续才能够正式进入到能力的施展阶段。然而这一系列的手续办理以及审核等都需要经常非常复杂的过程，如果单凭一个人来来回回地办理，那可能就需要很长一段时间。然而众创空间将第三方的各类专业服务接入，这样就极大地提高了创业效率，这也是众创空间不断吸引创业者入驻的原因之一。

在2015年科技部印发的《发展众创空间工作指引》中指出，众创空间最基本的特征除了充分利用自身条件为创客提供低成本服务、创建开放式平台等特征以外，还要提供便利化的条件。这种便利不仅是要选择交通和生活便利、便于创业者集聚的区域构建众创空间，同时还要提供一站式、高效率的商务、政务、商事和科技等相关服务。如今的众创空间也正是按照这样的构建特征为广大的创业者提供服务。

只要创客加入众创空间，所有问题第三方的专业服务都会全部办理妥当，实现真正地保姆式服务，给创客们营造一个零障碍的创业通道，提高创业成功率。

小张和小李是山东某机械工业大学的同学。上学时，二人就计划好毕业要回到自己的家乡创业。等到毕业以后，二人按照计划各自返回自己的家乡。小张回到家以后，开始紧锣密鼓地着手办公司，而小李却在网络平台上搜集各种有效资源，于是他了解到了众创空间。他把这个消息告诉小张以后，并没有得到小张的认同，因为在小张看来，众创空间只是一种商家盈利的方式而已，远不如自己操作安心。而小李想，反正自己对创业没有经验，不如去多听听，多看看，寻找一些其他的帮助更好，于是入驻了当地的众创空间。就在小张来回于各个局、所之间的时候，众创空间的第三方专业服务已经在为小李办理公司的相关注册事宜，而他则拿出大部分时间来同其他创业者交流创业思想，并且激发出很多创业灵感；当小张四处奔波筹借资金的时候，小李的无息贷款已经由专业的服务人员送到手中，而他节省下来的时间还受到了众创空间中专家的创业指导。很快，小李的公司已经开始运作，并且进行得井井有条，而小张还在创建公司的路上奔波，办完这个办那个，处处排队等候，时间来来回回地全部浪费了。这时他才顿悟：还是加入众创空间好啊！

众创空间作为一个国家鼓励和支持的新型创业平台，有效地利用第三方专业服务，实现无障碍创业，使创业者的创业效率大大提升，越来越受到众多创业者的器重与青睐，具有非常好的发展趋势，势必为国家经济建设、个人企业发展做出巨大的贡献。

4.3 让创新与创业零距离对接

甲、乙二人在田地里割草，休息时，甲说："要是能生产一台割草的机器就好了，这样方圆几百里农户都来找我买这种机器，到时候我一定就发财了。"乙说："这可是一个好主意，你可以去试试啊！"于是第二天甲就去城里采办制造机器的东西。

一天下来，甲可是累坏了，原来制造机器的东西那么贵，自己哪有那么多钱买呀，再说，买好东西自己也不会组装，还得耗费时间去找老师学习，自己实在是负担不起这一过程中的费用。这样想以后，甲就退缩了。看到甲没有做成，于是乙动了心思，他筹钱、学习，很快制造了第一台割草机，在自己的地里实验了以后，赢得了很好的口碑，于是凭着卖割草机狠狠地赚了一笔，并且创办了自己的机械制造厂。面对这样的情景，甲苦恼极了，他想：要是当时能够一个人帮我去实现造机器的想法，自己一定也能取得成功。

事实上，生活中类似于这样的事情有很多，每一个人都会有一定的创新思维，并且在这个领域中处于领先的地位，但是并不是每个人都能将这个创新真正地运用起来，实现自己的创业梦想，这是因为在创新与创业之间往往有很远的距离，有的人可以一直将这个创新想法放在心上，可以坚持走完这段距离，而有的人则是在一个瞬间的想法之后，就被这段距离中的艰难打败了。

对于现在很多有创业想法的人来说，他们只有一个创新的想法，但是并没有钱去实现，没有能力去实现，也没有时间去实现，然后就因为这种种阻碍令创新搁浅了，最后让别人抢占了市场先机，留给自己终生的遗憾。如今众创空间的横空出世完全解决了这种遗憾，它就像拎包入住的酒店一样，只要你有想法就可以入驻众创空间，然后享受到各种全方位的服务，办公场所、第三方专业服务、全面的政策解读等条件完全帮助你将创新与创业零距离对接。

众创空间有效利用国家自主创新示范区、科技企业孵化器、国家高新区、高校和科研院所等有利条件，着力发挥政策集成效应，努力将创新与创业相结合、线上与线下相结合、孵化与投资相结合，为广大的创客不断整合资源，提供最好的帮助。在众创空间中，有着一大批创业导师，具有非常高的专业素养，分别在各自的领域中有着卓越的成绩，只要你的创新在他们的指导下进行，很快就能以一个完美的形态出现并运用在创业中，让你与自己的梦想零距离接触。

因此，当你有创新的时候，不要被现实中的种种约束所束缚，选择众创空间这样新型的创业平台，就能够让梦想照进现实。因为众创空间的本质就是让创业的项目存活下来，以一个实实在在的企业呈现在创业者面前，并且能够不断地将这个企业做下去，做到更好。

4.4 不要让创业者在弯路上迷惘

在大众创新的时代，国家鼓励每一个人依靠自己的智慧，创新求变，创造出新的产品或服务。在现今的科技水平和社会进步的基础上，每一个人都能够成为创业者，都可以怀揣自己的创意去尝试自己的创业梦想。但是创业之路并不是一帆风顺的，在这个过程中会有许多荆棘与坎坷等待着每一位创业者，考验着创业者的智慧和毅力。不少创业者逐渐在这条路上失去了自我，迷失了方向，对自己的前景产生了迷茫。而众创空间首先要做的就是让创业者在创业的路上少走弯路，不要陷入迷惘。

一个不错的创意，却迟迟无法找到自己的投资人，是不是自己的设计不行？自己的创意没有市场前景？设计者陷入了百思不得其解的困局。众创空间的专家团队经过研究，给出了一致的结论，设计太过超前，风险较大，投资人对其短期信心不足。给出的建议是先降低设计难度，从一项技术做起，做一个低配版的产品，以此投放市场，然后再根据市场适应程度逐渐对产品进行升级，带着消费者一块儿进步。经过设计的改进，还快有多家投资公司要求对项目进行投资，创业者也实现了自己的创业梦想。

而另一个项目，则是在产品设计的时候出现了偏差，众创空间专家团在评定其市场潜力的时候发现其花大力气攻关的一项核心技术对于日后产品化的过程中并不会起到太大的作用。反而是其已经完成的科技研究已经具备了转化的可能，只要稍加改进就可以发放创业基金进行市场化转化。所以专家团建议创业团队要讲研究的重点及时从无谓的科研方向中脱离出来，重点细化打磨已经成型的科研成果，准备下次评议，争取早日拿到创业基金。

众创空间让创业者不再迷茫

正是有这些专业、权威的创业专家团队的指导，让许多创业者避免了在创业的弯路上迷惘地走下去，看不到希望，消磨创业的热情，浪费着机遇。与此同时，除了对创业者创意本身的建议，众创空间对创业者在整个创业过程中遇到的问题都会及时协助解决，努力让创业者在正确的创业路上急行军，争取让科研成果尽早成型，尽快实现商业化的转化，尽快拿到创业基金或资本投资，实现从创意到产品的转化，称为中国企业的中坚力量，为国家经济的发展做出自己的贡献。

除了专家团队，在众创空间内创客间的交流也是减少创业者在创业路上走弯路的途径。众创空间会定期组织各创业团队互相交流创业路上的想法和故事，大家各抒己见，将自己心中遇到的迷茫和困惑说出来，经历过这些困惑和迷惘的创业者会现身说法，给出自己的解答方案，困惑的创业者可以根据自己的实际情况选择性的听取大家的建议，尽快从迷惘困惑中解脱出来。让创业不再孤单，让创业路上不再困惑，让迷惘感远离创业者。

在内蒙古聚咖啡众创空间的大型会议室内，举办了一场创业交流会，会议的主体是“疑惑、心得、分享、答案”，参会的是空间内所有入驻的创业团队的代表以及众创空间邀请的从这里走出去的或者在创业路上取得了成功的创业者。在会议上这些成功的创业者首先讲述了自己的创业历程，以及在创业过程中自己遇到了哪些困难和迷惘，然后又是如何克服这些困难，最终在创业路上取得成功。将自己克服困难、走出迷惘的经验和心得与正在创业的创客们进行分享。演讲结束后在自由交流环节，这些被邀请的嘉宾被正走在创业路上的创客们团团围住，大家纷纷将自己心中的疑惑说出来，嘉宾们耐心地帮其分析讲解，提出自己的建议。交流活动在热烈的气氛中进行，本来计划两小时的会议不得不延时了一个多小时。会议结束，得到满意回答的创客们开心地走出会场，问题暂时未解决的创客们一边走一遍思考着嘉宾给出的建议是否合理而紧锁着眉头。

像上面提到的活动，这家众创空间每隔一段时间就会组织一次，邀请不同的成功创业者为创业路上的创客们答疑解惑、指点迷津，希望尽快帮他们脱离创业路上的迷惘，尽早实现成功创业。

4.5 为项目对接提供舞台

在国家“大众创业、万众创新”政策的号召下，众创空间在中华大地上遍地开花。政府主导、社会力量的积极参与，令众创空间已经成为大众创业的主阵地。

众创空间作为对初创企业和创客提供低成本、便利化、全要素、开放式的新型创业公共服务平台，为中国的创新贡献着自己的力量。

众创空间除了为创业项目提供创业条件与创业培训，更为重要的是对于具有发展潜力的项目，众创空间还会为其提供与资本市场对接的机会，让项目顺畅地找到资本的投资，实现成功创业。

众创空间定期会为孵化企业安排路演，这是各创业企业展示自己的最佳时机，因为在这个时候，众创空间会根据自己的资源邀请众多的投资客户来寻找合适的投资项目，如果在这一过程中创业企业能够充分的展示自己的优势，现实自己广阔的市场前景，那么其获得创业投资的概率就会大大增加。

内蒙古聚咖啡众创空间是位于内蒙古呼和浩特市的一家众创空间，在内蒙古大众创新的事业中发挥着重要作用。近年来，聚咖啡众创空间积极探索，从多方面入手，积极为创业者服务，为创业者提供全方位的服务帮助创业者取得创业的成功。在 2017 年，众创空间积极承办了首届（2017）中国·呼和浩特创新创业创意大赛，为包括聚咖啡众创空间入驻企业在内的众多创业企业提供了展现自己市场价值和发展潜力的舞台，为企业获取资本的投资牵线搭桥，为企业尽快获得投资提供帮助。与此同时，在本次大赛中一大批创意新颖，市场潜力巨大的创新企业脱颖而出，受到资本市场和当地政府的肯定，已有多个项目与投资者初步达成了合作意向。大赛取得圆满成功的同时，聚咖啡也用自己的实际行动实现了自己作为众创空间的价值。

内蒙古聚咖啡众创空间

这只是众创空间为创业者创造机会，提供展示自己实力舞台的一个具体的例子，像这样的活动全国的众创空间每天都在上演，规模可大可小，但总的目的就是要为众多的创业者提供展示自己的舞台，让资本看到他们，让他们与投资者接触的机会增加，只要项目有竞争力，通过众创空间创造的舞台，终将会被资本看重，获得投资，将一个创意变成现实的产品，取得创业的成功。

4.6 为企业办公提供便利

众创空间的出现，为初创企业的办公提供了极大的便利。在传统企业的创业过程中，企业需要为了企业的正常运转在前期做大量的工作，租用办公场地、购买办公用品、跑企业相关的手续、办理税务、寻找融资支持等各项事务，每一项事物都会牵涉创业者巨大的精力。

众创空间力争用自己的服务为企业全方位解决上述各种问题，让创业者将精力全部放到产品的研发或市场渠道的开发上。

在办公场地的问题上，大部分的众创空间会免费或者以较低的价格为入驻企业提供，入驻企业可以以极少的代价租用一个工位，有了这个工位，入驻企业就可以展开自己的事务了。另外，如果企业需要举行较大规模的活动，众创空间会提供共享的会客室、会议室等设备，众创空间会根据企业的需要对会场进行布置。这样就大大降低了企业在场地租金上的压力。据相关报道，在东莞，一家企业只需要花 600 块钱就可以在众创空间租用一个工位开展自己的工作，这与当地动辄上万的场地租金而言，几乎是可以忽略不计的了。

众创空间的公用会议室

另外，在大型办公设备的使用上，一般众创空间都会配备基本的办公设备，如打印机、复印机、传真机等设备，在众创空间内部都是共享使用的，这就会为企业专门购置这部分办公设备省下了一大部分费用，降低了企业创业期的压力。

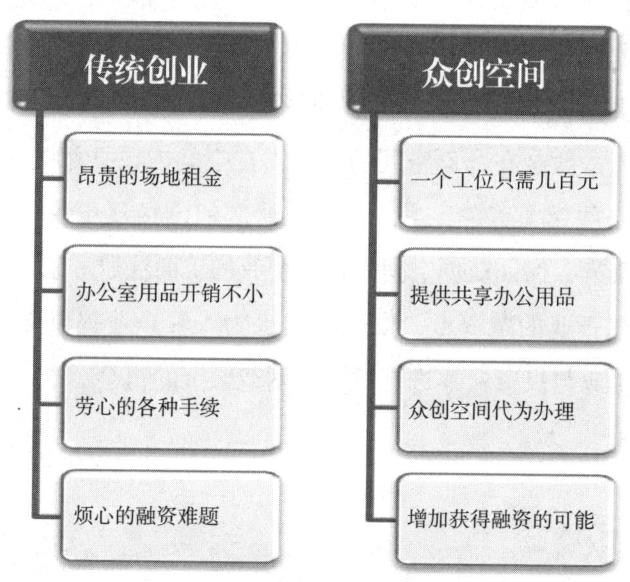

以最小的代价撬动创业的宏图

众创空间工位

在企业的初创期，对于已经进入产品向商品转化阶段的企业就需要考虑营业执照以及税务手续的办理工作了，如果这些手续入驻企业自己去各部门跑的话会牵涉大量的精力和时间。在众创空间内部，这些政府机关一般会在众创空间的邀请下在空间内设立相关的办事机构，方便企业办理相关事务，另外工商注册部门已经逐步在全国推行“一址多照”政策，保证众创空间内入驻企业的工商注册登记。

另外在企业的融资上，众创空间也为入驻企业提供便利，创造机会让入驻企业与投资资本进行对接，创造融资的机会。

4.7 为企业提供良好的技术平台

众创空间是顺应新一轮科技革命而出现的产物，它能够通过线上与线下相结合的方式为广大创业者提供良好的技术指导。其主要的存在意义就是以专业化服务推动创业者使用新技术，不断地开发新的产品，进而将自己的产品开拓并推广到新市场中，逐渐培育出新业态。

目前我国的众创空间如雨后春笋般不断地涌现，每一个都以自己独有的特色而赢得广大创客的青睐。随着科学技术的不断发达，一些专业性更强的众创空间开始出现，它们专注于特定产业或技术领域，有针对性地对创业者进行技术上的指导，建立起提供研究开发、检验测试等公共技术的平台，使广大的创业者不仅能够获得相应的技术指导，同时还能够通过平台与其他的创客进行经验交流，从而学习更多的专业技术。

众创空间之所以具有如此强大的服务功能，主要是因为其不断地加强与高新技术产业开发区、大学科技园、科研院所、科技企业孵化器、高校以及第三方科技服务机构的全面对接，因而当创客面对技术问题时，众创空间可以为创业者提供研发设计、检验检测、技术转移等各种专业化服务，从而提高技术支撑服务能力，有效发挥现有公共实验和技术服务平台的作用。

小张的家乡山清水秀，环境十分优美。因为水资源丰富，小张大学毕业以后就打算在家乡创业，搞鱼类养殖。他所看好的鱼类是一种淡水鱼，肉质鲜嫩，产量高，并且是市场上的一种新型鱼类。对于这份事业，他做了充分的市场调查，认为发展前景十分广阔，一定会取得一番成就，带领乡亲们走上发家致富的道路。

眼前鲤鱼、草鱼等是市场上比较常见的鱼类，销售市场都不错，但是小张却独辟蹊径，偏喜欢自己的鱼种。他筹集了第一笔钱购买了鱼苗。当鱼苗全部撒入鱼塘的时候，小张的心情激动极了。之后的几天，小张每天都精心喂养着、呵护着这些鱼苗。但是鱼儿们却并没有在他的呵护下健康成长，反而一条接着一条泛起了肚皮，这让他非常着急，于是赶紧同鱼苗供应商联系，但是他们也无能为力，因为影响鱼类生长的因素有很多，并且因为地域的不同而有所改变。于是小张查阅各种相关的资料，针对自己鱼塘的不足之处进行改进，重新购买了鱼苗。但令他失望的是，鱼苗还是一样慢慢地死去。

万般无奈和无助的小张在网络上求助，结果有网友推荐他入驻众创空间。于是小张就像抓住了救命稻草一样开始在众创空间中寻求技术上的帮助。众创空间的额专业团队对小张的鱼塘和当地的环境进行了充分地考察和研究，最终找出了鱼苗死亡的各种影响因素，并且给予了小张很多淡水鱼养殖方面的指导，终于让小张看到了希望。

如今小张的淡水鱼养殖已经取得了非常好的市场，很多人还会前来垂钓，甚至是慕名而来，另外通过众创空间，小张还得到了国家的扶持补助，创业信心更加坚定。

国家在技术创新方面给与了创业者极大的鼓励和支持。政府以众创空间作为载体，与高校加强交流，不断转化科研成果、支持科研人员开展科技创新，对有技术的创客提供最好的技术指导，形成了促进万众创新的磅礴之势。

4.8 让创业者不再为资金发愁

在“双创”热潮高涨的情势下，很多有志之士开始响应国家的号召走上创业的道路。然而对于没有资金、不了解市场、无经验、无团队的四无青年来说，创业又是何等艰难，尤其资金匮乏直接导致创业的任何活动都无法开展，只好让创新搁浅。但是众创空间的横空出世又点燃了这类创业者的希望，因为众创空间是一个面向创业者和投资人的创新创业社交平台。它能够给创业者提供场地、技术、人才、资金、融资等一站式服务，极大地提高创业成功率。创业者只要入驻众创空间，创业资金的烦恼就可以完全不用顾虑了。

首先在是场地的费用上，创业者可以轻而易举地解决，简单租一个办公桌就可以投入到工作中，减少了前期办公场地上的资金投入。其次，也是最重要的就是项目运转的资金。一个好的项目运营实施，必须有足够的资金保障才能顺利发展，任何环节都必须要有资金的保障才能够完成。当入驻众创空间以后，相关的部门或人员就会针对创业者的项目进行融资，从而给创业者找来更多的融资机会。

强化创业融资服务是众创空间服务功能之一，当创客需要资金入注的时候，众创空间就会想尽各种办法帮其筹集资金，维持正常的运转，渡过创业初期的各种资金难关。通常来说，众创空间会通过两种途径为创业者筹集资金。一是从社会上寻找投资，二是争取国家的资

金支持。

当创客拥有一个好的创意时，众创空间通过自己的平台将这个项目推广给各个成功的企业或者是相关的企业单位，从而吸引他们的注意，为项目寻找投资或进行融资，并取得一笔可观的资金维持项目的正常运转。另外，众创空间还可以利用互联网金融、股权众筹融资等方式，加强与各种创业投资机构的合作，使投融资模式更加完善，将更多的社会资本吸入到初创企业中来。在这一过程中，众创空间付出很大的努力，只有做好周详的宣传、包装等，才能使项目让人放心地将钱投入进来。这一系列工作如果是创业者本身去完成，会有极大的难度，甚至付出几十倍的努力。但是众创空间有专业的团队，并且有自己的品牌，更能获得其他的企业和投资机构的信任，帮助创客们解决烦恼。

政府的资金支持也是众创空间缓解创业者资金压力的主要方式。国家号召大众创业、万众创新，因此制定了一系列扶持政策，当创业者入驻众创空间以后，就会得到最全面的政策解读，从而申请政府资金支持。在这一方面，国家也在不断地强加众创空间的建设平台，不断完善投资融资机制，使各项扶持政策都贯彻到创业者中来，鼓励他们的创业行为，解决根本上的资金匮乏问题。

高峻是一位刚刚从某影视学院导演系毕业的大学生，他的梦想就是创办自己的影视公司。但是因为刚刚毕业，资金、人才什么都没有，只好与宿舍的几个好友合作拍摄一些微电影。作为新时期的大学生，他们具有非常活跃的创新思维，视角非常独特，因此微电影的创意都相当不错，因为是在专业方面创业，因此技术手段也非常好。但遗憾的是，他们并没有钱去买各种各样的设备，大家都是贫困家庭的孩子，上学已经耗尽了家里的钱财，现在无法再获得家人的帮助了。就在他们万般无奈、一筹莫展的时候，他们认识并入驻了众创空间，为自己的事业寻找到了最好的出路。

众创空间的工作人员不仅给予他们一些专业上的指导，还积极为他们的项目寻找投资。因为微电影是社会现象的浓缩，具有非常深刻的意义，因此被很多企业所看好，获得不少的投资。这样一来，买设备的十万块钱就完全解决了，从此他们的拍摄也进入了正常的轨道中，而他们所拍的微电影也受到了极高的关注度。终于，他们的创业成功了。

如今，创业再也不单单是那些实力雄厚的人可以想的事情。只要人们有创新的思维，人人都可以创业，如果资金方面存在问题，众创空间可以完全帮你解决，让你没有后顾之忧。如果你是一个拥有创新的人，你想响应国家号召为社会经济建设而助力，那么众创空间可以帮你圆梦。

4.9 众创空间帮你拓展人脉

许多创业者有自己的想法，可以研发出适应时代发展的产品，或者自己满腹经纶却没有用武之地，原因就是自己的人脉狭窄，不具有超高的人气，这时候，众创空间就起到了至关重要的作用，它将为你提升人气，将你塑造成一个成功的创业者。

众创空间会利用专业化服务于社交化机制来吸引创新创业群体，将人才先聚集至这里，为了打造一支高素质、高质量的人才，对创业者还要进行进一步的教育与培训，将“培养”作为提高创业者人气的一个重要的台阶。

一个创业者为什么不具有超高的人气呢？原因有多种，首先是他不具有自己独享的一个空间进行思考，比如在生活、学习与工作的地方与人交流时涉及一些创意或机密的事情就无法正常进行沟通。我们试想一下，如果一个人在一间安静的、众人办公的地方打电话与其他人交流时，自己的一些商业秘密无法透漏，再加上说话时会影响到其他人的工作状态，沟通欠缺，就会导致其不能聚集人气。如果人气不够，创业者就不可能收到投资方的信息，从而与之失之交臂，投资方还要继续浪费时间再寻找自己的创业者。对于创业者来说，接收不到相关的信息，就不会继续有新的人脉资源，因此而缺少人气。

如果创业者选择了适合自己的众创空间，那么它就会为你解决相关的事宜，将投资方的信息及时地传递给你，逐渐推广你的人脉，提高你的人气。入驻者来到众创首先会享受到专业化的服务，以此来激发自己的创新潜力与创业的活力，将自己成为优秀创业团队当中的一员或者成为初创企业，众创会根据不同类型创业人群所表现出的特点来提供相应的服务，众创还会尽力满足你的需求，最大限度地发挥你的能力，提升你的能力，为提高你的人气打好坚实的基础。

有一种众创空间，它为客人提供了咖啡，来到这里的高科技人才会将咖啡作为道具，实际目的就是为了与一同来到这里的人进行交流与交友，通过产业链内的人的交流与碰撞之后，必定会有火花的产生，让自己的人脉愈加广泛起来，很自然地，关于创业方面的问题就会迎刃而解了。

在未来的发展中，如果你仅仅将众创空间为你提供的图书馆或咖啡馆等看成是自己阅读或休闲的地方，那就太过于简单了，要知道，它为你提供一些服务的真正目的究竟是什么，其中的一个原因就是为了在这里聚集各方有实力者，提高你的人气。所以，你要合理利用众创为你创造的任何一个条件，如果你是一个投资者，拥有了超高人气可以找到适合自己的有突出才能的人，如果你的创业者，就可以找到适合自己的投资者。

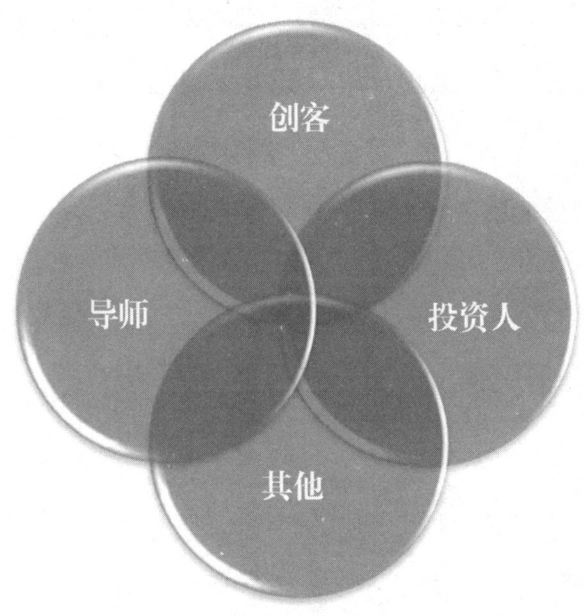

众创空间让你认识更多人

第五章
众创空间开启新的创业模式

众创空间的出现，直接改变了创业的模式，新的创业模式催生了许多新型的企业。在以前看上去难比登天的创业历程在众创空间内不再是梦想。每一个有创新想法的创业者都会来这里寻找自己的机会，开始自己的创业之路。而众创空间为创业者提供的全方位一体化服务也让创业者感受到了前所未有的机遇和便利，让创业更加高效。

5.1 开放性的创业模式

众创空间这一新鲜的创业平台一经出现就获得了极大的社会关注度，成为国家政策积极支持和倡导的创业模式，并且受到了广大创业者的欢迎，开启了一种新的创业模式，很好地契合了国家“大众创业，万众创新”的政策号召。

众创空间为创新者提供的是一种全新的创业服务模式，这种模式最大的特点就是开放性。以一种开放性的姿态和服务模式迎接着每一个怀揣梦想和想法的创业者。这种模式让每一个创业之初的梦想者不再孤单，让他们感受到他们不是一个人在努力，让他们感受到身后有一股强大的力量在支持着他们，帮助着他们实现他们心中的梦想。

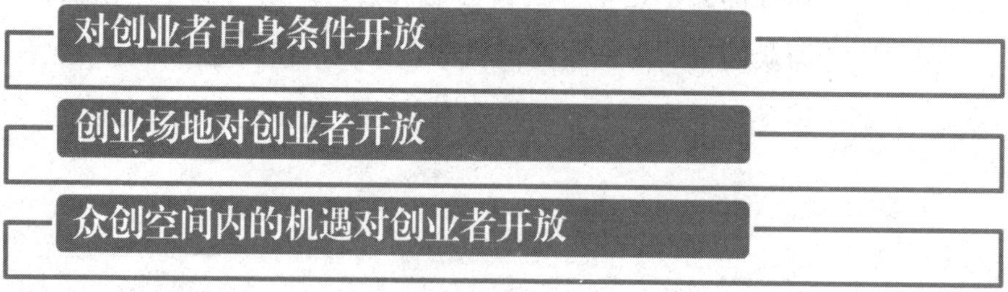

对创业者自身条件开放

创业场地对创业者开放

众创空间内的机遇对创业者开放

众创空间的开放性

众创空间开启的这一新的创业模式其开放性首先体现在对创业者自身的条件的要求上。众创空间对每一个创业者都是一视同仁的，只要你有梦想，有想法，众创空间都欢迎你的进驻，都是众创空间服务和扶持的对象。

众创空间创业模式的开放性其次体现在创业场地的开放上。从物理空间上来讲，众创空间会为创业者提供一定面积的办公场地，供创业者开展自己的工作，这一场地是开放形式的，没有封闭，没有阻隔，不同的创业者们可以自由的交流，不同领域的思想可以发生激烈的碰撞，促进新的灵感的生成，另外众创空间除了为创业者提供联合办公区域外，还设置了经验分享区域，公共会议室、路演洽谈区等功能不同的公共区域，向每一位创业者开放使用。

开放式的办公环境

再次，这种开放性体现在资源的开放性使用上。众创空间本着服务创业者的原则，本着低成本、便利化、整体化的理念，全面为创业者提供一站式服务，空间内资源向所有创业者开放性使用。这其中包括政策指导、法务咨询、财务指导、工商注册等各种服务。帮助企业健康快速地成长。

最后，这种开放性还体现在机遇的开放上。众创空间会尽可能多的为创业者提供专业咨询公司或专家的讲座和咨询，为创业者们进行创业指导，这种创业指导是针对空间内的每一个创业者的，同时空间还会不定期邀请投资者来空间选择合适的投资项目，而这种机遇也是面向所有创业者的，只要你的创意够好，在这种开放的环境下，获得投资的概率会大大增加。

众创空间的出现，顺应了时代发展的潮流，让广大创业者找到了可以信赖的港湾，让每一个闪光的创新思路可以变成产生价值的产品，在实现创业者梦想的同时，促进了市场的繁荣，而这些都离不开这种模式的开放和全方位服务。

5.2 低成本启动创业项目

众创空间能够有效帮助创业公司降低创业成本，缓解创业公司压力，帮助初创公司顺利走出初创期的不稳定局面，迅速适应市场的要求，健康发展。

在成本降低方面最直接的体现就是企业办公场地费用的降低。每一个众创空间在具体的场租费用上会有些许不同，有的众创空间会免费为创业者提供场地；有的众创空间会根据创业者的项目前景进行评估来确定提供给创业者创业场地的价格；有的众创空间会直接跟创业者收取一定的场租费用。但总的来讲众创空间为创业者提供的创业场地是远远低于市场价格的。

另外提供场地的类别上也有不同的方式。有的可以租用一个办公室，有的只需要租用一个办公桌创业者就可以开始自己的公司运作，而这些在众创空间出现之前是难以想象的。

众创空间的低成本创业

众创空间为企业降低创业成本的另一体现是办公设备的提供上。一般众创空间会为创业者提供所有创业者共享的办公设备。创业者往往只需要提上自己的电脑就可以开启自己的日常运营了。

众创空间降低创业者成本的另一体现是全方位的政策支持。相比于创业者而言，众创空间对于创业相关的国家政策更加了解，可以帮助创业者的创业项目与国家政策进行有效对接，这就省去了创业者在创业过程中在国家政策适应方面的盲目操作，浪费宝贵的时间和资源。

在企业初始经营方面，众创空间也能为企业提供极大的帮助。如位于内蒙古的一家名为聚咖啡的众创空间，就专门为初创企业或创客制定了项目发展规划，通过对创业者创业项目的完善和升华，帮助创业者项目与市场顺利对接，助力企业发展。这就保证了企业在发展过程中始终走在正确的路上，避免走弯路浪费时间和资源。

另外在企业注册、税务处理、法务咨询等更环节，众创空间为企业提供全方位一站式的服务，避免了企业在这些问题上盲目的浪费时间，精准高效地完成这些工作，将精力全部放在产品的研发和推广上，尽早产生效益，步入正轨。

在众创空间的服务和孵化下，初创阶段脆弱的企业得到了很好的保护和帮助，在低成本的投入下快速成长，因其广阔的市场前景迅速度过这一阶段，成长为竞争力强劲的新型科技企业，与众创空间取得双赢的良好局面。

5.3 多角度结合让创业更高效

众创空间开启的创业新模式，最大的优势就是利用众创空间自身的资源和优势，对创业者进行多角度全方位的协助，让创业者创业更高效，更易于成功。

众创空间首先从办公条件上为创业者提供保障，众创空间往往会为创业者免费或者较低的价格提供舒适的办公场所，满足创业者最基本的办公需求，让创业者可以有更多的时间和精力去优化自己的创意和思路，不会为租场地，购置办公用品等杂事而浪费时间。

众创空间会从创意完善的角度为创业者提供帮助。创业者入驻众创空间之时头脑中往往只是一个模糊的想法或灵感，对于如何将这个想法发展成一个具备操作意义的项目缺乏明确且可行的思路。众创空间会根据创业者的思路与想法，从专业的角度解读创业者的思路，帮助创业者找到最适合自己创意的创业之路，并且协助创业者将一次灵感的闪光转化为一个具有市场前景的创业项目。

创业者入驻众创空间的到时候，除了自己知道自己想要什么之外，其他的什么都不知道，创业者只对自己的创意熟悉，至于公司的运营、注册、政策的了解、市场的开发等一系列问题都是两眼一抹黑。这些困难横亘在创业者的面前，为他们的创业之路蒙上了厚厚的一层阴影。而众创空间就是从这个角度对创业者进行帮扶，解除他们的后顾之忧。你只负责做好你的产品，其他的交给我们。

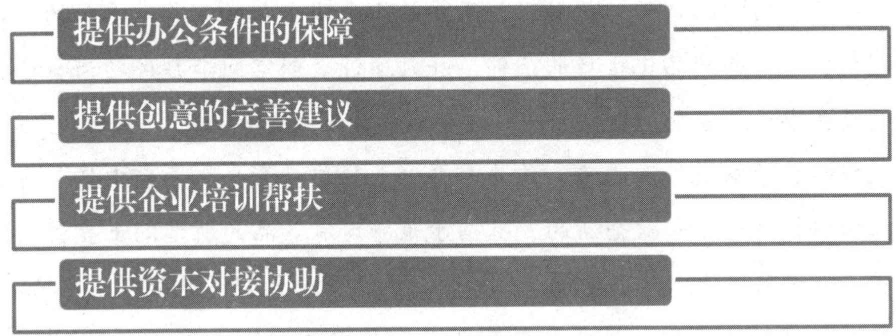

众创空间对创业者的多角度支持

最后就是从资本对接的角度，众创空间会为创业者提供平台，创造路演机会，定期邀请投资人对空间内项目进行考察，增加创业者与投资者接触的机会，增加创业者获得投资的机会，有的空间自己会设有投资部门，对于市场前景广阔的项目会设立种子基金、投资基金等，对项目直接进行投资，帮助创业者科研项目迅速向产业化转化。

李磊大学里是学机械的，课余时间就爱钻研一些小机械。假期里回家在自己家开的小餐馆帮忙，看到妈妈每天要花很长时间削大量的土豆，削的又慢又累，他就产生了研发一台自动削土豆机的想法。回到学校后他就不停地做实验，经过不断地实验，他的这台机器终于有了一个雏形。在实验的过程中，他就想饭店那么多，肯定对自己的这个小发明有需求，这是多么好的一个商机啊，可是现在哪有条件将自己的小发明转化为成熟的产品销售呢，再说自己的这个小发明离成熟的商品还有那么多的路要走，想想就让人发愁，太难了。

正巧这时学校响应国家号召，创办了众创空间，鼓励大学生创业，李磊带着自己的项目入驻了众创空间。在这里，李磊不但获得了免费的办公场地，而且从实验器材到实验指导都获得了众创空间的全力资助。

在众创空间老师的帮助下，李磊的小发明更加的完善，更加的小型化，更具备产品化生产的条件，并且通过众创空间李磊成功为自己的产品申请了专利，众创空间对于李磊的发明十分的看重，拿出 30 万元作为种子基金投入进来，作为李磊创业的启动资金，李磊申请了自己的科技公司，一款全新的、有别于市场现有产品的新型削土豆机问世了，这款产品以其小型化，简单化、价格低的优势迅速获得了市场，取得了不错的市场效果。而李磊还没毕业就成为科技公司的小老板，在学校成为了大学生创业的典型，成为同学们学习的对象。

在众创空间，各种创业服务成为创业者获得成功的保障，在这些多角度服务的保障下，创业者获取成功的几率更高，创业的效率也更高，一个个闪光的创意转化为被市场认可和接受的科技企业，促进我国经济的繁荣和发展。

5.4 一站式服务让创业更便捷

一站式服务，这是众创空间带给创业者们新的创业体验。入驻众创空间，创业者就能享受到众创空间提供的一站式服务，你只需要对你的创意负责，剩下的事情交给我们。从办公场地到政策对接，从公司注册到项目推广，凡是创意之外的事情，众创空间都会帮你解决。这一全新的创业模式让许多创业者从繁杂事务中抽身，专心钻研自己的科研成果，精益求精，不断优化自己的研究成果，提升自己的市场价值。

在传统创业过程中，庞大的创业开支往往会将一个闪光的想法扼杀在萌芽状态，想想开一家公司要有庞大的前期投入，公司创立之时要跑各种各样的部门，要面临那么多没有经历过的事物，哪还有时间去进行资金的研究，完善资金的计划。公司做不起来无心钻研自己的成果，没有过硬的技术成果，公司做起来也没有竞争力，这成为每一位创业者面临的一个死循环，不知道有多少创意死在了这个循环当中。

动画专业毕业的冯刚想成立自己的动画工作室，但是他不知道从何处入手。大学四年的刻苦努力，让他的绘画功力扎实，对事物的观察力细致，想象力丰富，更为关键的是，他身边围绕着一大批能力优秀的画手，以及有着丰富想象力的青年才俊。毕业之后的冯刚不甘心去动画公司做一个普通的设计，他想尽快靠自己的才华创办自己的公司，开启自己的事业。现在困扰他的就是他缺乏足够的启动资金和运营公司的经验。而直到遇到了这家名为聚咖啡的众创空间，这些问题都变得那么的简单，冯刚要做的就是带领自己的团队专注于自己的创作就可以了。

入驻众创空间后，给冯刚最直接的感受就是自己不再为工作场地发愁了，在外面每个月上千元的房租是冯刚这样的大学刚毕业的创业者创业路上沉重的负担，但是在众创空间中，他不但可以免费获得自己的办公场所，就连办公设备也是一应俱全，这给冯刚省去了许多麻烦。另外根据冯刚自身的特点，众创空间为他量身定制了发展规划，再结合冯刚自己的意见，一条清晰的公司发展思路呈现在冯刚的面前。

鉴于冯刚拥有充足的画手资源，且冯刚自身具有相当高的绘画才能，众创空间通过自身渠道为他推荐了多家动漫和电影公司，这样通过接这些公司的活，冯刚就能保证自己的团队运营起来。但是公司要想取得长远的发展，必须要拥有自己的产品，拥有自己知识产权的作品，所以再结合冯刚手中掌握的文学作者资源，众创空间的专家建议冯刚利用外接稿件跟不上的空隙着手创作自己的动漫产品，这样首先能保证团队一直有事可做，其次能够逐步构建自己的品牌和作品，为公司下一阶段的发展打下坚实的基础。

在生产步入正轨后，众创空间协助冯刚在工商、税务等部门进行注册登记，帮助冯刚建立了自己的公司，另外介绍投资人与冯刚接触。很快就有投资人对冯刚筹划中的一部动画片脚本产生浓厚兴趣，表示只要质量过硬，对方愿意为这部动画片进行投资，并希望双方可以长期合作。

众创空间的出现，让越来越多的像冯刚这样的年轻人找到了自己创业的方向，他们有能力，有想法，他们缺少的就是一个机遇，而众创空间正是给他们机遇的地方，在众创空间，他们没有了后顾之忧，他们的才华得以全部的发挥，他们的成功更容易走上快车道。

5.5 专业化服务解决创业难题

在轰轰烈烈的大众创业时代，许多人对创业抱有了极大的信心和憧憬，纷纷想要进行创业尝试，但是创业者所拥有的创业基础是不同的。有的人有技术、有能力，并且有很强的专业知识，但是有的人仅仅拥有一颗想要创业的心，丝毫没有创业的经验，对产业和市场需求缺乏应有的了解，对于创业所需要的一切都一无所知，这样就很容易出现盲目创业，从而使导致各种创业难题的出现，最终创业失败。另外还有一些创业者，虽然对产业、市场等要素有着非常深刻地了解，但是在管理运营方面有所欠缺，创业初期规模比较小，没有专业的人员辅助，人力资源、财务、市场等方面的管理滞后，因此很容易就会导致一些管理上的难题出现。另外在初创企业的运行过程中，产品与资金的转化如果不到位，那么也可能产生资金难题，从而导致资金链断裂，影响企业的健康成长。为了让初创企业成功地活下来，众创空间会运用专业化的服务解决创业中的各种难题。众创空间会在主体服务和引入市场机制服务两个方面进行整体上的调控。

众创空间以创客为本，加强对众创空间多元主体的服务。在众创空间中，创新创业的主体是众多的微小企业，这就需要众创空间对原始创新增大发现力度，重点培养，全方面地服务微小企业。在地方层面上，政府要出台各种扶持政策，尤其是在资金上的扶持和优惠，同时还应该不断地完善科技成果转化制度，降低创业者创业初期的企业运营成本。通常众创空间加强主体服务从以下几个方面进行：

众创空间的多元主体服务

一是众创空间允许空间内多家企业使用同一个地址进行注册，这样就会不断地吸引创业者前来，使众创空间的创客队伍发展壮大，形成一个良好的生态圈，为企业发展提供便利。

二是解决创业场所不便的问题。对于众创空间的经营场所登记限制解禁，完成各类众创空间的建设和改造，对各种闲置的场所资源进行利用，从而使创业者更加方便地入驻。

三是对于比较大型的创业项目，众创空间可以提供更加专业化的服务，引进政府专项资金投入，从而带动社会上的各类资本投资，解决创业资金的问题。

四是给予创业者一定的创业资金引导、场所租金补贴、政策扶持等，通过专业化的服务建立其创新产品的交易平台，不断完成资金转化和自身的完善发展。

除了加强主体服务以外，众创空间还可以引入市场机制为创新创业提供全方位的服务。通常其常见的服务手段包括以下几个方面：

一是建立其一个完善的应用创新平台，以用户为中心，需求为驱动力，将社会实践作为广泛应用的舞台，共同以一个开放的形式创新。

二是整合科技服务业的各类资源，为创业者提供创业咨询，资金支持、产品市场营销、生产包装专利等一站式服务，使毫无创业经验的创业者创业更加顺利。

三是提供资源开放和共享服务。加强企业与科研院所等机构的协同作用，对各类科技资源进行优化配置，一些大型的科研基础设施和仪器共享使用，有效避免资源在封闭系统中流转，造成资源浪费，解决创业者资源匮乏的难题。

众创空间是一个特殊的企业孵化器，它在各类新型孵化器的基础上，通过各种手段和措施打造出一个开放式的生态系统，为广大的创业者提供良好的工作场所、社交空间、网络平台以及广泛的创业资源，各种专业化的服务使创业者毫无压力，轻松解决创业培训、政策申请、团队融合等问题，极大地减轻了创业者的创业压力。

5.6 像生活一样去创业

提起创业，人们首先想到的是满头的汗水、疲惫的眼神、没日没夜的工作、茫然无措的焦虑。但众创空间的出现，会让你对创业有另一种认识，创业在众创空间会是另一种景象。

众创空间以完善的服务帮助每一位入驻创业者完成事业的起飞，与此同时，众创空间在物质条件上也尽可能地为创业者创造最舒适的工作环境，为入驻者提供完全不一样的工作体验。

像生活一样去创业，尽量缓解创业者工作中的焦虑，创造一切条件为创业者营造以一个舒适的环境，让创业者保持一颗平和的心态面对自己的事业，从工作的压力总解脱出来，以一个健康的心态面对自己的工作。

有一家众创空间，有感于创业者创业的辛劳，每天的工作时间大大超过了业余时间，所以他们在众创空间内办公环境之余还配套了一些家庭式的生活空间，设有咖啡区、健身区、淋浴室、宠物室、读书区以及休息空间，这样创业者在工作之余可以很轻松的享受到只有在家里或者其他娱乐场所才可以获得的放松。

另外，空间在提供这些生活设施，为创业者营造一个轻松舒适的创业氛围之外，还期望为创业者营造一个好的交际空间，不同领域的创业者利用这个空间可以很好地交流，发散自己的思维，不要将自己的思维固守在自己的那一片小空间内，避免思维的僵化陷入思路的死胡同中不能自拔。通过创业者之间相互的交流，也许能发现之前自己没有注意到或想不到的新的灵感注入到自己的创意成果当中，形成新的创意。

在空间内，创业者除了可以与自己看得到的这些创业者交流创业心得，还可以通过众创空间自己的资源以及交流渠道与全国成百上千的创业者自由交流，发表创业感想，交流创业心得，获取新的的灵感。

除了这些日常的贴心服务之外，众创空间还会定期的为创业者举办各种的交流聚会等活动。会为创业者创造各种路演机会，给创业者提供展示自己科研成果的舞台，邀请投资者对空间内创业者的成果进行参观，介绍创业者与投资者进行接触，增加创业者项目获得投资的机会等。

琳达是一位服装设计师，在进驻众创空间之前她一直在服装厂做打版师，长期的耳濡目染，让她对服装行业的流行趋势了如指掌，她想借助众创空间的平台设计自己的服装品牌，创自己的品牌开自己的公司。前不久众创空间协助她在空间内举办了春季新款服装展示会，并且邀请了众多业内投资人参会，通过模特的展示，琳达的设计思路获得了广泛的认可，多家服装企业愿意与琳达展开合作，琳达设计公司的品牌在业内也得到了有效传播。对于这样的传播效果，琳达感慨幸亏能入驻这样的众创空间，否则靠自己的努力无论如何也达不到今天这样的局面的。

像生活一样去工作，让工作变得更轻松。就好像琳达的服装设计秀，于琳达来讲是一次展示自己劳动成果的机会，但对于其他创业者来说，这就是一次空间举办的放松大家身心的大聚会，这样既愉悦了众人，又展示了琳达的成果，可谓是一举两得。

5.7 众创空间在中国的发展模式

伴随着大众创业、万众创新热潮的掀起，众创空间以迅雷不及掩耳的速度在全国各地涌现。它是新型的创业交流平台，不仅为广大的创业者提供良好的工作空间，同时还提供一些辅助创业创新的各类服务。因为城市发展步伐并不统一，因此各个地区的众创空间也根据实际需要创办成具有特色的平台，它们通过各自的方式，向创业者提供各种类别、不同程度的基础服务。

众创空间的模式						
培训辅导型	活动聚合型	投资驱动型	媒体驱动型	产业链服务型	综合创业生态体系型	地产思维型

众创空间的模式

目前我国众创空间的模式多种多样，从业务模式和形态的角度来看，我国现存的众创空间主要存在以下七种模式：

1.培训辅导型

这种模式主要是利用大学的教育资源和相关的校友资源，构建一个理论与实际相结合的培训体系，是针对大学创新创业的实践平台。通过这个平台，创业者可以获得更多理论性的知识，使创业者基础更加牢固，同时还能在实践中应用，提高创业成功率。如北大创业孵化营等。

2.活动聚合型

这种模式是最常见的模式，也符合众创空间创办的初衷。广大的创业者在这里可以互相交流想法，碰撞出新的创业灵感。在定期举办创新思维或者是项目的发布、路演、展示等创业活动中，创客们可以获得更好的启发，进而将好的创意引用到自己的企业中。如深圳柴火空间等。

3.投资驱动型

很多创业者在创业初期基本上都处于资金匮乏的状态，而这种模式的众创空间，专门针对初创企业的资金问题，将资本作为纽带与核心，将各类投资机构、天使投资人聚集在一起，利用这个平台将优质的创业项目吸引过来，进而为创业者提供各种融资服务，从而使创业成功率得到极大的提升。如车库咖啡等。

4.媒体驱动型

这种模式的众创空间由面向创业企业的媒体创办，其最大的优势就在于能够利用自己的资源为企业作更好地宣传，提供线上线下相结合，包括信息、投资、宣传等各种综合性的创业服务，对于致力打造高知名度的企业具有非常大的帮助。如创业家等。

5.产业链服务型

这种模式的众创空间主要以产业链服务为主，其包含的内容非常广泛，例如产业链上下游机构的合作交流、产品打磨、成立基金进行合投等，极大地减少了创业障碍。如创客总部等。

6.综合创业生态体系型

这种模式的众创空间提供的服务是全方位的，甚至可以称之为保姆式服务，其主要提供综合型创业生态体系，包括培训指导、金融、招聘、运营、法律顾问、政策申请等一系列服务，使创业者完全没有后顾之忧。如创业公社等。

7.地产思维型

这种模式的众创空间是由地产商开发的联合办公空间，与 WeWork 模式比较类似。它所带来的巨大商机，让许多地产大亨都为之所动，纷纷想要进行尝试。例如原万科集团副总裁毛大庆在离职以后创办了“优客工场”，仅仅只有一个月的时间，就在北京“享有”5 万平方米的土地等，诸多地产大亨的众创空间也取得非常大的成就。

总之，无论什么模式的众创空间，对于广大的创业者都会有极大的帮助，推动了双创热潮的高涨，在未来的中国将发挥出不可估量的重要作用。

5.8 中国众创空间发展中存在的问题

在全国人民的创业热情和国家政策的鼓励下，全国各地的众创空间如雨后春笋般出现，为我国经济的发展注入了新的活力。但是随着发展的深入，众创空间在我国的发展也显现出越来越多的问题，导致一些众创空间停业，这不得不引起人们的反思。

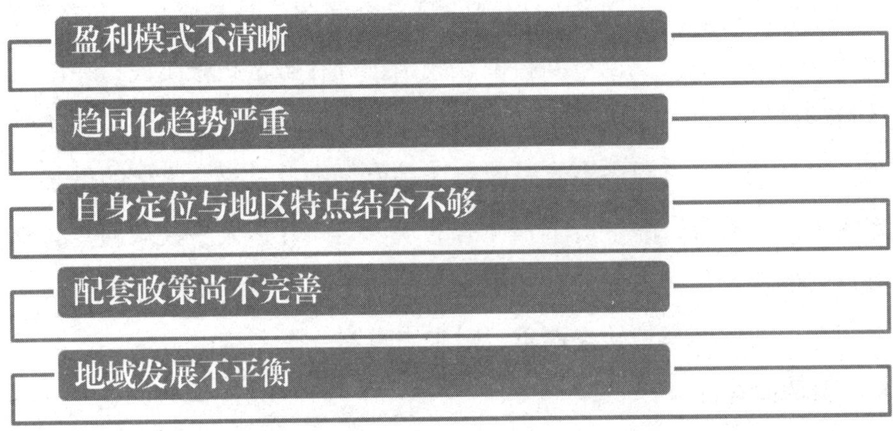

众创空间发展过程中存在的问题

众创空间在发展过程中遇到的最直接的一个问题就是盈利模式的不清晰。这是一个很现实的问题，再好的想法，如果无法盈利都无法持续下去。就目前的情况来看，众创空间的主要盈利点还是政府的资金资助、工位的租金、相关配套服务费以及股权投资等。而问题的关键在于众创空间的主要盈利点也正是众创空间赖以吸引创业者或给与创业者扶持的关键点。众创空间提供给创业者的工位通常是免费或者是价格远远低于市场价格的，所以众创空间从工位租金上获取的利润是极其微薄的，根本无法支撑众创空间的日常开销。而众创空间提供给创业企业的相关配套服务收取的服务费相对而言也是不稳定的，这取决于空间入驻企业的质量以及空间提供的服务质量。只有运营极为顺畅的众创空间才能保证众创空间的服务与入驻企业的良性互动。至于股权投资，对于本身资本雄厚的众创空间而言，这是最有效也是受益前景最大的一项收入，但问题是这项收入的周期太长，变数太多，对于资本不够雄厚的众创空间是无法承受的。而政府支持的资金毕竟有限且是一个短期内行为，从长远来看，只有能够自负盈亏的众创空间才能在市场中生存下来，也是符合国家鼓励众创空间发展的正确出路。

众创空间在发展过程中出现的第二个问题就是趋同化趋势严重，缺乏自身的特点。众创空间目前在我国正处在野蛮扩张阶段，在国家政策的鼓励下，各地出现了一大批形色各样的众创空间，跟风现象严重。但是在这一过程中不管是政府还是市场本身只关注了量的增长而忽视了质的提升，除了极个别优秀的众创空间外，大多数众创空间没有自己的特色优势，还处在初级服务的“抢占地盘”阶段。对于众创空间发展的远期规划缺失严重，对未来没有一个明确的目标，未能形成自身的品牌价值。

众创空间在发展过程中出现的第三个问题就是众创空间的定位和规划未能与地区产业基础有效结合，这一问题直接导致众创空间在发展中缺乏明确的方向。一旦众创空间的发展方向与当地经济发展的实际需求无法有效结合，那么众创空间就会成为无源之水、无根之木，纵使可以提供一些基础的办公设施，也无法吸引到优质的项目和客户入驻，形成产业化优势。这样众创空间注定是无法生存下去的。

众创空间发展过程中面临的第四个问题就是配套政策尚不完善，市场准入不畅。众创空间究竟是一个什么性质的市场主体，在部分地区的政策法规上依然没有一个明确的认定。尽管国家大力提倡众创空间的发展，但是在个别地方对于众创空间的审批、登记注册依然没有一个规范的流程，导致众创空间在设立过程中缺乏成熟的操作依据，出现市场准入困难的情况。另外，在众创空间房屋使用性质的登记上相关法律规定也比较模糊，“一址多照”政策尚未完全放开，集中办公区等级制度尚不完善，这都给众创空间的发展造成了影响。

众创空间在发展过程中出现的第五个问题就是地域发展不平衡。从目前众创空间在我国的分布区域来看，存在着严重的地域失衡问题。在北京、上海、广州、深圳等一线城市，众创空间的发展异常的活跃，成为创新企业的集中爆发点，另外，在杭州、南京、武汉、成都等经济发达城市，众创空间也得到了很好的发展，但是除此之外的其他地区，众创空间的发展则趋于沉寂。诸如内蒙古这样的省份只有像聚咖啡这样的众创空间零散存在，未能形成集群优势。众创空间这一国家大力提倡的发展模式未能发挥出其潜力和优势，对于地区经济发展的带动依然乏力。需要当地政府加大扶持力度、大力发展，众创空间在这些地区的发展依然任重而道远。

5.9 众创空间面临问题的对策

面对众创空间在发展过程中出现的各种问题，我们必须要拿出可行的方案予以解决，为众创空间在我国顺利发展铺平道路。

针对众创空间盈利模式不清晰的问题，在政府政策支持的同时，众创空间要在坚持自己部分公益属性的同时，积极探索商业化平台的运作模式，以长远的战略眼光来看待众创空间的建设。自己设立或积极引入社会资金对空间内项目进行评估投资，与创业者共同成长。在帮助创业企业成长的同时获取相应的投资收益。这就要求我们众创空间的从业者要对自己有信心，对我们的创业企业有信心，相信我们孵化出来的企业是具备发展前景，能够为社会创造财富的。然后在众创空间自身各方面资源的整合上要进行有效沟通，优化整合。比如对于场地的提供方，众创空间可以与对方进行沟通，通过股权置换的方式，让场地所有者加入到众创空间的经营中来，这样在短期内可以降低众创空间的运营成本。第三就是众创空间要不断完善自我，提高自身发展质量，努力提升自己的服务层次，不能停留在单纯提供办公场所的初级阶段，要真正做到低成本、便利化、全要素、开放式的需求，提升自己的同时也会提高项目的孵化成功率，进入一个良性的循环模式。

针对众创空间发展过程中趋同化、低质化的发展趋势，要鼓励众创空间努力向专业化方向努力，明确自己的发展方向，体现出自己鲜明的特点，在市场上创立自己的品牌，形成自己独有的品牌效益和企业文化。并且将自己的特色优势做大做强，通过提供更高层次的服务创造出源源不断的利润；要加快与研发设计、中介媒介、金融资本、交易平台的对接与合作，为空间内企业提供最优质的服务，提升平台内企业孵化的成功率，在社会上形成自己良好的口碑和信誉度。

针对众创空间发展过程中定位与规划不准确的问题，应该加快推进众创空间建设与当地实际产业协同发展。根据当地实际情况合理安排众创空间的定位与规划，催生区域经济新的增长点。众创空间在创立之初要对所处区域内经济进行细致的调研与划分，选择合适的优势产业作为众创空间的孵化对象，通过对市场进行科学的划分，提升创业空间内企业的转化率。另外在众创空间建设的规划上要合理布局，不要扎堆重复建设，浪费资源。对国家政策研究吃透，利用政策优势给自己合理定位，促进众创空间的发展。

针对众创空间配套政策不完善，准入不畅的问题，要求我们的政府部门及时制定相应的政策，针对众创空间这一新兴的市场主体制定有针对性的登记与监管流程，给与其明确的市场主体认可，积极落实“一址多照”政策。推行“集中登记”政策，鼓励众创空间利用闲置厂房、物流仓库等社会闲置资源注册登记众创空间，对于众创空间注册登记开通绿色通道一站式服务，提高审批效率。

针对众创空间地域发展不合理的问题，要鼓励大的成规模的众创空间去二线、三线城市开设分部，挖掘二线、三线城市创新企业的优势。政府要加强对二线、三线城市众创空间的扶持力度，根据本地经济发展特色和优势，发展适合本地区经济发展的众创空间。

5.10 众创空间热对传统企业的影响

我国对众创空间的建设给出了明确的指导意见，不断鼓励龙头骨干企业围绕主营业务方向建设众创空间，对于创新资源要按照市场机制和其他企业协同聚集，进行优化配置从而实现与中小型企业、各类科研院所以及创客群体有机地结合，充分发挥众创空间的引领和带动作用，逐渐形成一个以龙头骨干企业为核心，其他中小型企业、高校院所参与的创新生态群落。

众创空间的迅速发展对传统企业造成极大的冲击。各种创新思维不断影响着传统企业的发展，要求传统企业不得不加大管理力度，努力地生存下来。从众创空间发展的情势来说，其对传统企业的影响主要体现在四个大的方面。

首先是在人力资源方面竞争将会更加激烈。从我国目前的发展形势来看，传统企业正在面临着转型升级，不断谋求未来的发展之路，这个时候企业就会特别注重某一方面的发展。因为企业资本是存量，发展的空间并不是特别大，而人力资源是增量空间，或许在未来的某个时刻就能创造出无限的资本，因此在优秀人才的争夺方面就显得异常激烈。所有的企业投资人都在不断地审视内部的人才，抢夺外部的人才，想尽各种办法吸引和激励人才，这对传统企业来说是不小的挑战。

其次是企业管理者和员工之间的关系发生转变。在传统企业中，企业管理者和员工多数情况下都是雇佣关系，而众创空间热实现了职业经理人向合伙人的转变。因此传统企业应该建立一种机制，颠覆之前的雇佣关系，转而成为平等的合作关系，人与人之间相互尊重，共同享有企业的成功。

再次就是调动保护员工的积极性。众创空间热使很多有创业梦想的人都跃跃欲试，这时企业想要保持稳定发展就必须加强管理技巧，调动和保护员工的积极性，避免特殊人才的流失，为企业保持最大的增量。

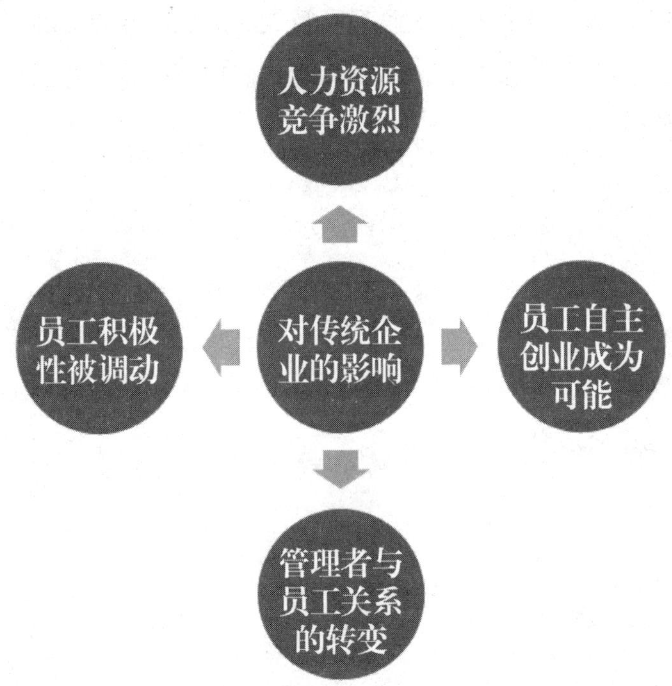

众创空间对传统企业的影响

最后就是员工独自创业是企业转型和进行投资的新机会，企业不能将之视为竞争对手。对于有创业心的员工来说，企业并不是长久发展的空间，一定会寻求好的契机寻找自己的发展机会。如果能够在企业的平台上创造出自己的事业，那么他的创新更有活力。在企业资金、品牌、行政等服务支持下，创业者会更有精力追求自己的产品和客户，从而极大地提高创业的成功率，这并不仅仅有益于员工，同时对企业本身也有很大的益处，增加了一个投资的机会。

将来，众创空间将不仅仅是一个简单的办公场所、社交平台、资源共享的空间，它最终会演变成为一个组织方式和形态，从而更好地满足客户的所有要求。传统企业的形态是由中心控制、总部协调，因此总部的作用非常重要，一旦协调性太差，很容易导致企业出现诸多问题。而众创空间的灵活性更强，不会因为个体出现问题而牵涉到整个企业系统。如今很多大型企业都已经成功地引入了众创形式，每一个企业在众创空间的影响下，都有可能转变成一个众创空间，寻找更高的企业价值。

第六章
前景无限的中国众创

当众创空间遇到中国，它的命运就改变了，中国带给众创空间前所未有的荣耀和活力。众创空间在中国落地生根，大放异彩，成为中国大力提倡和鼓励的创业方式，迅速地风靡全国。当下中国，在政府支持和市场参与下众创空间如雨后春笋般遍地开花，一大批创新企业在众创空间的孵化下走向市场，成为中国经济发展新的增长点，为我国经济的发展做出了重要的贡献。

6.1 大众创业的磅礴之势

大众创业从概念上就给人一种气势恢弘的感觉，中国大众在国家政策扶持下纷纷积累自己的资产和财富，仿佛让人看到一副前仆后继的壮观场面。所谓创，就是指开始做，这就要求大众用自己的创新来实现事业的发展。大众创新既简单又复杂，所谓简单就是只要按照自己的想法进行即可，复杂就是自己的创新思维必须通过实实在在的操作来实现，这就需要国家的政策、第三方专业服务等各种支持，而自己脱离社会力量帮助创业，成功的难度是极高的。

中国有 13 亿人口，接近 10 亿劳动力，在这个庞大的数据下所隐藏的是千千万万充满创新思维的有志之士，他们渴望通过创业来促进国家经济发展，带动区域经济，并且不断地激发自己的能力，实现价值最大化。2014 年夏季达沃斯论坛上李克强总理表示：要破除一切束缚发展的体制机制障碍，让每一个想要自主创业的人都能够享有创业的空间，使中国全社会都自由流动着创新创造的血液，让自主发展精神蔚然成风。国家的鼓励与支持，给大众创业营造了一个非常和谐的发展空间，从而让创业者甩掉所有的担心，信心百倍地走上创业道路。另外国家政策扶持，各地众创空间交流平台的出现等都对创新给予了极大的鼓励，无形中给创业者带来极大的推动力；甚至政府在创业中的角色也发生了很大的转变，过去只是一味地给予“培育箱”，而现在则是推动自主创业的“点火器”。在这种社会大形势下，大众创业势必会轰轰烈烈地展开。

大众创业正成为当下我国经济社会的潮流

鼓励大众创业的行动已经在全国各地展开，并且很多个城市已经取得了不错的成绩。例如山东青岛就在大众创业方面做出了非常好的榜样作用：2015 年，青岛市实施大众创业工程，对全市的各类扶持创业资源进行统筹，一些闲置下来的写字楼也被政府购买下来，为广大有需求的创业者提供服务。对于小微企业来说，公司经营初期，80% 的利润都要用于支付办公场所的费用，而此时，有了政府的帮助，小型企业可以将节省下来的这部分资金用于更加长远的发展上，这对创业者的吸引力可以说是巨大的。另外青岛市建立针对不同人群的创业孵化基地，极大地推动了大众创业的潮流。近些年来，新疆、湖南、深圳等地也都纷纷开展推动自主创业的各项措施，给大众创业提供了发展的温床，在未来的时间里，各个创新企业势必如雨后春笋般涌现出来。

除了各地政府支持以外，众创空间的出现，也对大众创业起到极大的推动作用。众创空间有效地解决了企业创办所遇到的各种问题，创业者所有需要的帮助都能从众创空间中得到；众创空间接入第三方服务，使工作流程更加简单化，一站式服务给创客们减少了很多创业阻碍，极大地提高了创业成功率。因此广大的创客只要有创新就敢于尝试创业，因为没有太大的后顾之忧和重重阻碍。这样一来，就给了有志之人极大的创业鼓舞，同时随着社会经济的不断激励以及科技革命的不断激发，人们的思维越来越活跃，不断萌生各种创新，然后通过众创空间将自己的创新与创业零距离对接，浩浩荡荡地加入创业大军，最终使整个社会呈现出大众创业的磅礴之势。

6.2 万众创新释放新的能量

当今社会，大众创业、万众创新已经被看作是中国新常态下经济发展“双引擎”之一。在各项新政策的调控下，中国经济势必会迎来大的飞跃。所谓创新，就是以新思维、新发明和新描述为特征的一种概念化过程，它在技术、经济、社会学等各个领域都有着十分重要的意义。科技革命在创新的背景下不断深入，从现实社会发展到虚拟世界，而经济创新则需要广大创业者来实现。

关于万众创新，李克强总理指出，创新并不单单是技术上的创新，同时还要包括管理创新、体制机制创新、模式创新等各个方面。中国多年来的改革开放本身就是一种规模宏大的创新，而未来经济高速发展也必须要倚靠万众创新所释放出来的新能量。

万众创新所释放的新能量是无法估量的。中国人口众多，蕴藏着无穷的创造力，只要不断地激发人们的创新能力，那么创新将成为中国未来经济增长的不熄引擎，不断带动经济发展。万千“草根”是创新的主体，其中的大学生、各种新知识分子是创新的中坚力量，他们对于社会经济发展、未来科技发展等都会有着众多的思考，因此，万众创新关键在于一个“新”字上，要使他们步入“需求拉动、创新驱动”的道路，积极地开展科技成果研发和转化，以新思维为未来创造更多的可能性，加速中国经济的快速发展，这样中国才能在未来的世界里拥有更加强大的经济能量。

事实证明，创新对于经济的快速增长具有非常大的帮助作用。在我国迅速增长的 GDP 中，很大比例都是源于各种创新所释放出来的能量。尤其是在一些经济发展比较快速的城市，这种新能量的作用更加明显，例如北京、上海、广州等地，经常会出现一些比较新型的事物，这对城市发展，乃至国家发展都具有极大的推动作用，而经济的迅速发展又激发人们不断地创新，进入到这样一个良性循环以后，其影响力也会日新月异。

目前，我国政府已经为万众创新提供了最全面的支持，构建了一批低成本、全要素、便利化、开放式的众创空间，极大地降低了创新创业的门槛，给予创新创业者一定的扶持政策，并且建立完善的投资、融资机制，使广大的创业者完全没有后顾之忧地去创新，为建设经济高速发展的中国而努力。而零障碍、保姆式服务的众创空间也吸引各类创新人才，他们必将在未来创业过程中释放出强大的能量，为国家经济的发展做出巨大的贡献。

6.3 大江南北的创新热潮

2015年1月4日，李克强总理探访了深圳的柴火创客空间，高度称赞了年轻创客充分对接市场需求的无限创意，这使得创客们充分感受了国家政府对于“草根创业”的无限关怀，备受鼓舞，对创新创业更是充满了希望。

另外，各地众创空间的开展，使大江南北的创业者更加看到了创业的希望。众创空间作为新型的大众创业交流平台，为草根创业者提供全方位的帮助，受到国家的充分肯定与支持。2015年年初，“创客”首次被写进了政府的工作报告中，在两会上，两万字政府工作报告中提到“创业”13次，“大众创业、万众创新”已经被国家明确推进为经济发展的新常态，而“众创空间”也成为中国经济新常态的热点，这一切都加速了大江南北的创新热潮。

作为中国的首都城市，北京市依托国家高新区、国家自主创新示范区、高校和科研院所、科技企业孵化器等科技创新资源，成为我国众创空间发展最快的城市，也是创新热潮最高涨的城市。众创空间的发展能够充分地反映出一个地区创新热潮的高涨程度。2015年3月，北京市科委对首批“北京市众创空间”中的11家进行授牌，5月4日再次对14家创业服务机构授予“北京市众创空间”的称号。5月7日，北京众创空间联盟成立。这不仅标志着在北京市科委的正确指导下，北京地区创建了众多众创空间资源共享平台，同时也深刻地反映出在北京地区，创新创业已经深入人心，充分地激发了广大草根创业者的创业热情，已经掀起了轰轰烈烈的创新狂潮。

除了首都创新热潮高涨以外，我国中小城市创新创业热情也非常高涨。例如内蒙古自治区在大众创业，万众创新工作上成绩斐然，东胜区上榜了“2016 年中国中小城市双创百强区”。近些年来，东胜区对于双创工作极为重视，坚持创新发展的理念，加大力度实施创新驱动战略，主动融入全市高涨的创新热潮中，使创新创业更加全面地发展。致力打造机制健全高效、富有特色，充满活力的创新型地区，草根创业者因为政府部门的高度重视而创业热情倍涨。同样来自内蒙古自治区的聚咖啡众创空间通过自己的不懈努力，已成为内蒙古地区发展成熟的众创空间，取得了优秀的业绩，为当地的创业者提供了完善的服务，为“双创”工作的顺利展开贡献了自己的力量。

除了北京、内蒙古以外，全国各地的创新热潮也不断兴起，众创空间也如雨后春笋般地发展起来。上海、深圳、南京、杭州、苏州、武汉、成都等地区都是创新创业氛围十分活跃的地区，涌现出来的众创空间也各具特色，例如深圳的柴火创客空间、杭州的洋葱胶囊、上海的新车间等，都从不同的专业领域给创业者提供最大的便利和帮助，使他们在创新热潮中能够迅速奔向成功，为中国经济建设贡献出更多的力量。

2016 年 4 月 16 日，国务院办公厅下发了《国务院办公厅关于加快众创空间发展服务实体经济转型升级的指导意见》，在这份直到意见中国务院对我国众创空间发展的原则、要求、任务、政策等进行了详细的解读，进一步明确了众创空间在我国的发展方向和具体实施途径，为众创空间在我国顺利生根落地，快速发展打下了坚定的基础。

如今，在政府各种政策的扶持下，各地众创空间的帮助下，大江南北的创新热潮将不断高涨，势必迎来一番新的发展前景。

6.4 弘扬众创精神

随着众创空间在全国各地的迅速发展，众创精神作为一种崭新的文化形式出现在人们的生活中。它是众创空间创业生态系统的文化精髓。

众创空间之所以可以称得上是新型的创业服务平台，它与传统科技园区的根本区别不仅仅在于一站式的服务等条件，而是在于众创空间独具个性的文化特质，即众创精神。从众创空间的根本使命上来说，其最大的功能就在于聚合众多的创业角色，通过相互之间的合作和第三方服务创造出新技术、新的商业模式，甚至创造出能够改变人类生活和工作方式的新产品。众创精神在实现创业者共同的商业愿景方面具有很好的体现。

首先是创业者的创业梦想。众创空间创业项目中，最核心的价值所在就是富有创造力的新技术手段或者是新的商业创意，因此这些创意一旦成功，很可能会对人们的生活造成极大的推动作用，甚至出现颠覆性的变化。尽管这类创业者起步微小，成功的概率非常低，但是其所蕴含的新技术或者是突破性的创意很可能就会产生巨大的商业影响甚至使整个社会产生重大的产业革命。这种精神体现是十分难得的。

其次就是协同合作。众多的创业者在创业梦想的引领下，在由各种利益主体构成的创业生态体系中，创业主体间的合作方式也逐渐趋向于开放式的合作。创业者之间互相寻找资源互补，然后分工合作，对于所产生的价值共同享有，然后进入到一个协同发展的局面。

众创精神在创业者身上的体现

再次就是个性化的特征。与传统的科技园区相比，众创精神还体现在创新创业项目上。众创空间内的创业行为更具有个性化的特征，行为方式新颖，具有创造力，每一个众创空间都有自己明显的特色，所有入驻的创客都可以以一种崭新又个性化的方式创建自己的企业。尤其是众创空间中年轻人居多，个个都充满蓬勃的朝气，富有极强的想象力和创造力，具有十足的创新精神。他们使创客与创业资源之间形成一种互动的模式，然后以独特的方式主导众创空间生态体系演化，成为众创空间迅速发展的内在动力。

最后众创精神还体现在对创新的包容性上。通常情况下，入驻众创空间的创业项目投资规模都比较小，同时承担的风险也相对较小。并且在创业风险投资等机制安排下，创客们的投资风险以及投资者的投资风险都大大降低，从而在很大程度上容忍失败，这种情况催生了一大批勇于追求创新，敢于付诸实践的创业项目，极大地提高了创业的成功率。

在大众创业、万众创新的大好形势下，众创精神受到国家政府的高度重视，李克强总理访问众创空间，对于广大创客的创新精神给予高度的赞扬，这就更加激励了广大创客的创新热情，在未来的日子里，势必弘扬众创精神，共同为中国的经济建设助力。

6.5 政府鼓励众创空间的发展

2015 年，我国政府发出了“大众创业、万众创新”的号召，目的就是通过鼓励创新型经济来加大研发、技术创新在国民经济体系中的比例，以此来运用适宜的方式让经济得到提升，还可以调整经济结构。我国政府围绕这一核心思路而采取了以下三项措施。

第一项为商事制度改革，也就是改注册资本实缴制为认缴登记制。让“先证后照”成为“先照后证”，工商进行登记职权，将前置审批许可改成了后置审批许可，但前置审批许可项目还是要保留 34 项的。将企业年检制改为年报公示制。市场巡查改为了随机抽查和重点检查，将抽查对象与抽查的主体转变为“双随机”，以做到加强规范。让市场主体住所（经营场所）登记手续的程序简化明了，推行电子营业执照登记管理，并全程使用电子化登记管理。此番改革，达到了让人们了解新时代可以实现创新的目的，从而提高了民间创业的积极性，公司注册与兴办的标准几乎大部分人都可以得以实现，这便从客观上形成了对众创空间的强烈需求。

第二项为普惠性税收措施，将科技企业孵化器、固定资产加速折旧、科技园等方面的税收优惠政策落实至实际行动中。有符合条件的众创空间这方面的新型孵化机构与科技企业孵化器的税收优惠政策相匹配，就要根据税制改革的方向与要求，对包含有天使投资的投向种子期货初创期等创新活动的投资，进行整合研究相关税收的帮助工作。这一项措施对投资与兴办创业企业在税收政策上给予了莫大的鼓励与支持，不仅减轻了创业企业的压力，而且还在一定程度上提升了盈利率，无论从哪个角度分析，都具有积极向上的意义，从客观上让众创空间有了持续向前发展的动力。

第三项为优化资本市场，政府会支持符合标准的创业企业上市，或者发行票据融资，同时还要在债券市场方面支持创业企业筹集资金。解决了资金问题，他们就可以积极地研究还未盈利的互联网与高新技术企业到创业板发行上市制度。建立了完善的资本市场衔接制度，就可以为众创空间本身与服务企业，还有个人的前途制定清晰的发展道路。

我国政府制定的以上三项措施，不仅有利于我国众创空间在我国当前与未来的发展，而且还有利于每个入驻众创空间的创业者与相关人员的自我提高，让众创空间发挥最大的作用，享受最优越的条件，不断完善，共同进步。

6.6 大众创新的实现形式

随着科技和社会的进步，创新性活动逐渐从院所精英下移到普通大众，每一个人都可以参与到大众创新的活动中来，每一个人都可能成为创新的主体，也许你大脑中的一个闪光，将改变人们生活的面貌。那么我们这里不禁要问，都说大众创新，那么面对这个日新月异的世界，我们应该如何创新，通过什么样的形式实现创新呢？

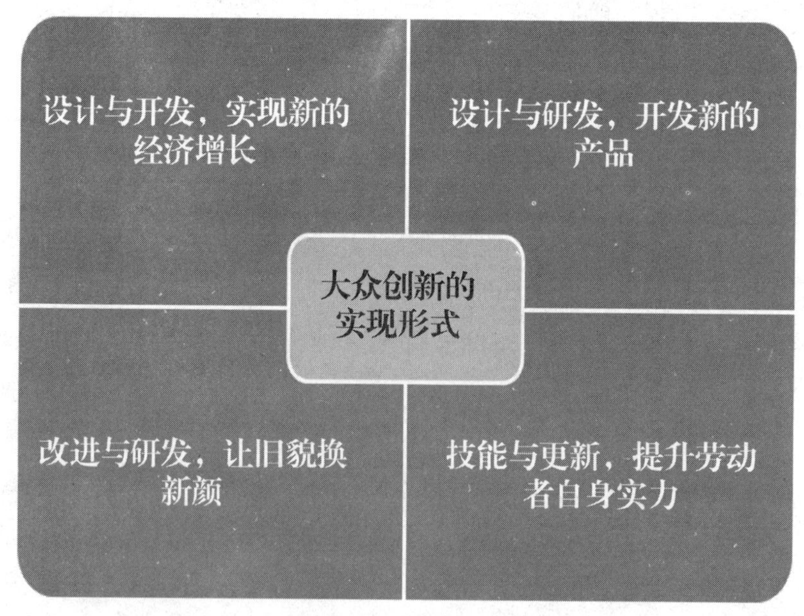

创新的实现模式

第一种创新的形式，我们称之为设计与开发。这是一种普遍的创新形式，大部分是针对服务行业，如何通过精心的设计，创新，开发出新的，让人眼前一亮，体验舒适的服务形式，对于提升客户满意度，进而提升企业经济效益有着显著的作用。在这种创新形式中，我们需要注意设计在创新中起的重要作用。在工业时代，设计是开发的一部分，所有的设计都是从属与开发，为开发新的产品或服务而服务的。但是在大众创新的今天，设计并不仅仅起到从属的辅助作用。从一款产品或一项新的服务创意一开始，设计就占有主导地位，创客根据自己的创意想法，紧紧围绕灵感本身进行合理的设计，将这一创意灵感对人们生活的影响和好处发挥到极致。可以说，新产品或新服务价值的核心就是创客对于产品或服务的设计，设计已经成为灵魂式的存在。

第二种创新形式，我们称之为设计与研发。在大众创新时代之前的工业时代，研发的对象是产品的关键技术、核心技术，在此基础上，再辅以精美的设计，对产品价值进行提升。但是在大众创新时代，是在现有的核心技术和关键技术的基础之上通过对产品的再设计，提升或开发出产品新的价值，或者是产品组合间新的价值。比如共享单车的出现，自行车的核心技术已经定型，作为一种客观存在的产品已经存在了上百年。但是通过与互联网巧妙的设计，尘封的自行车迎合了全民健身的理念，给了繁忙的人群一个健身的机会，同时在拥挤的城市中自行车以其灵巧便捷的功能，再辅以简单实用的功能设置，迅速的风靡大江南北，成为城市路上一道亮丽的风景线。在这其中，设计的功劳就远远大于自行车的技术本身了。

第三种创新形式，我们称之为改进与研发。这是一种在现有技术基础之上进行功能改进而实现创新的一种方法。在这种模式下，创客们研发的重点是如何对现有技术进行改进，使其发挥更大的作用。如在工业生产领域，一线职工通过长期的生产时间，会发现某项技术或工具经过改进会大大提高生产效率，降低对生产资料的损耗，他就会对机器的某个部件进行改造，在不改变机器核心技术的前提下，通过对机器的部分改进，实现效率的提高。我们一般常在炼钢或者其他的生产企业中听到这样的创新故事。另外科研院所的科技人员在对某些项目进行科研的过程中，有时会突发奇想或灵光一闪，在现有技术的基础之上，想到如果对某项技术进行改进，会取得更加理想的效果，这就让科研人员也在无形中加入到大众创新的队伍当中来了。

第四种创新形式我们称之为技能与更新。这一创新形式更偏向于劳动者本身，在大工业时代，人个体本身是被当做生产线上的一个固定操作工具来看待的，但是随着智能化的推进，许多流水线作业已经被智能机器人所取代，而人作为创新的主体，则需要将自己的精力投入到那些具有创造性、创新性的工作当中来。创意、创新成为衡量一个人能力的标准。人的技能不再是某一项单一的流水线工作，而是在创新的基础上设计出更多的个性化、人性的新产品。

总体而言，大众创新无外乎上面我们所讲的这几种手段，通过上述手段和途径，大众充分发挥自己的活跃思维，本着智能化、便利化的原则对现有事物进行巧妙利用和重新组合，最终创造出一个新的产品，以此来改变人们的生活，为大众生活带来更多的便利。

6.7 如何调动大众创业的热情

“大众创新，万众创业”已经被作为国家经济发展的“双引擎”之一，如何激发大众的创业热情，成为当前急需要解决的一个问题。

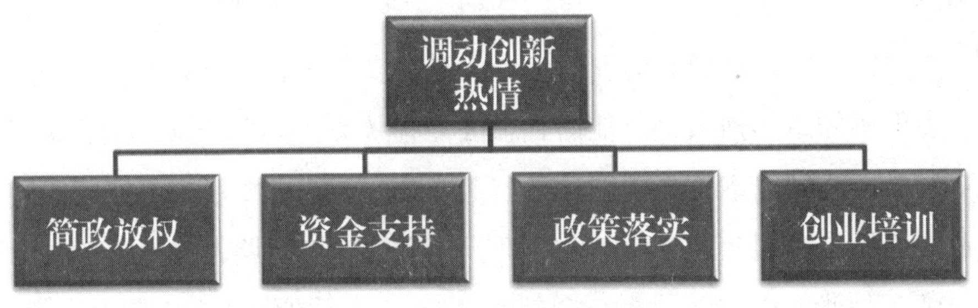

如何调动创新热情

万事开头难，要调动大众的创业热情，从政府层面而言，需要进一步简政放权。简化与大众创业相关的审批事项，简化审批手续，提高审批效率，让创业者不再为盖不完的章、办不完的证而对创业望而却步，产生畏惧心理。另外政府还应该做好管理工作，营造良好的营商环境，加强对违法行为的惩治力度，营造一个诚信、公平的市场环境。加强对政府执法部门的管理，做到依法行政、依法监管。对于创新企业在投融资以及税收等领域进行适当倾斜，保护初创创新企业健康成长。对于一些适宜大众创新创业的领域可以适当降低准入门槛，吸引更多的创业者加入到此领域的创业大潮中来。

第二是在资金支持方面，政府要加大众创业资金支持的力度，在国家政策允许的范围内，尽可能为初创创新性企业提供创业资金支持，另外政府可以加强引导，鼓励社会资金进入创新企业投资领域，借助社会资金为初创企业提供资金支持。并且紧紧依靠市场规律，将市场的事情交给市场，让优秀项目与投资合理配置。

第三是要严格落实国家关于鼓励创新、激励创业的各项政策制度，让国家对创新企业的扶持落到实处，让初创创新企业真切感受到国家对于大众创业的重视和关注，通过税费减免、小额担保贷款、专项资金补贴、办公场地安排等相关扶持力度，让初创创新企业感受到真真切切的实惠，形成政府激励、市场扶持，创业者用于创业的大众创业浪潮。

第四是要做好创业培训的工作。有许多创业者怀揣着自己的创业梦想但不知道如何入手。他们有想法，有激情，但唯独缺乏经验，没有经验，他们就不免要在创业路上走弯路。要积极发展众创空间等创业培训机构对创业者进行创业培训，让他们少走弯路，将所有的精力放到产品研发上去。让每一个创业者知道自己要做什么，该怎么做，想要得到什么样的结果。

针对在校大学生，学校要根据自身具体情况，积极在校内创办众创空间，积极鼓励学生利用自己所学知识创业，并且将创业历程与其所修学分挂钩，让学生创业、学业两不误。为大学生创业制定针对性的扶持政策，确保每一个有创业梦想的大学生创业没有后顾之忧。

最后，各地要全力营造创业氛围，让创业的浪潮弥散在社会的每一个角落，掀起全民创业，大众创新的新风尚，每一个人都发挥自己的聪明才智，为“大众创新，万众创业”贡献自己的力量。

6.8 众创空间促进高校创新教育激发学生创业热情

高校的创新教育意义重大，不仅能够提升学生就业的层次，还能够提高学生就业的质量，这时，需要将创新教育与专业的教育紧密结合在一起。我国政府积极鼓励众创空间的发展，积极培育创客文化，在当前环境下实施的这一举措能够积极推动高校创新教育的发展，与此同时，还会让中国的教育进入到一个崭新的阶段，通过众创空间、教育与产业的相互协作而培育出一批又一批具有高技术、超能力的人才，这时，高校的就业问题也会迎刃而解。

国家针对众创空间实施的一系列措施的最终目的是为创新创业的人们提供一个没有后顾之忧全心全意创业的地方。再看我国现今的创新教育，它是进行素质教育的一项非常重要的内容，其目的就是让新一代的人才具有创新意识、创新的精神与创新的能力。所以说，加强创新教育的发展，培养出具有创新能力的人才对于高校来说是一项艰巨的任务，这也是全世界各个地方的高校发展的必然趋势。

现如今，虽然高校在创新教育方面还存在着一定的欠缺，但针对出现的问题，高校也实施了改进的措施，而众创空间在其中所起到的作用也是非常关键的。部分学校已经认识到了培养创新精神的重要作用，它在一定的程度上激发了高校学生的主动意识，各高校的创业者都纷纷涌入众创空间，加入培养校园创客的时代浪潮中。

积极鼓励高效大学生创业

创新创业已经在我国成为大的趋势，几乎所有的高校都认识到了创客文化的重要作用，实施创新教育可以有效地推行素质教育。实践证明，在发展建设高校众创空间的过程中，确保校园属性为首要内容，但一定要脱离传统观念，进而充分发挥市场主体的作用，将投资机构、企业等融入至高校众创空间，让市场的运营机制有条不紊地发展，并要始终坚持市场观念。

实质上，大部分的大学生都很愿意学校开设创新教育的课程，举办一系列与创新比赛相关的活动。还有部分大学生希望学校开放实践基地，在学习的过程中就将创意发挥出来。而这时候众创空间的发展对于大学生的创新教育又是一次机遇。而大学生也应该结合自身的实际条件，让众创空间发挥其最大的作用，从而对大学生的就业与创业发挥更有效的作用。

6.9 深化众创空间服务

众创空间在我国的发展形势非常的良好，中国的众创空间的数量众多，并且呈现扎堆发展的形势，这也开创了世界的先例。这种发展形势对广大创业者来说具有非常大的好处，他们可以有更多的选择，在众多众创空间所提供的资源和服务中寻求满足自身发展的条件，极大地提高了创业成功率。

尽管中国众创空间取得了非常好的发展，但是在很多方面存在着不足。目前全国各地对于众创空间的认识和理解存在较大差别，有些在功能上只是简单地等同于企业孵化器，并没有将其真正的作用发挥出来；众创空间专业化程度不强，对于一些高端创业的群体缺乏应有的支持；数量多，但是具体的服务水平并不太高，对于一些有难度的创业保障力度并不够等，这些都对创新创业有着巨大的制约作用。想要补充发展中的不足，中国就必须不断地深化众创空间服务，使服务全方位展开，无论是哪种类型的创业活动都能零障碍进行。通常来说，深化众创空间服务应该从以下几个方面入手：

一是众创空间一定要建立在创业高地，这样众创空间的各种资源条件就可以完备，能够全方位地满足创业者的创业需求。同时众创空间在创业高地聚集，也可以给创业者提供广阔的选择空间。

二是加强专业化服务水平。众创空间生存和发展的根本在于能否为创业者提供完善的服务。一般情况下，入驻众创空间的创业者无论是资金、技术水平、企业管理方面都会有所欠缺，只是拥有一个非常简单地想法，如果众创空间的专业化服务水平低，功能强度差，只是如同简单的企业孵化器，那么很容易就会导致创业失败，同时对于一些高端的创业群体无法提供应有的支持，从而制约高端企业的发展，随着科学技术地不断发展，人们的创新越来越趋于高端化，如果众创空间不能为其服务，这对国家建设众创空间的初衷而言是一种巨大的损失。因为一个高端产品的诞生，很可能就会促进跨越式的发展，甚至产生颠覆性。因此加强专业化服务水平，为广大创业者提供更全面的保障力度，是深化众创空间服务非常重要的手段。

一家众创空间内部一角

三是避免服务同质化。“双创”浪潮推动了背景各异的众创空间发展，但是其管理水平与专业服务很难与发展的速度相匹配。因此大部分众创空间给创业者提供的都是综合性的基础服务，其服务并没有亮点，很难吸引创业者，也很难给创业者提供高质量的辅助。因此众创空间提供的服务应该更具有针对性，避免同质化。

四是定期举办创业交流活动，加强活动频率。众创空间具有开放式的办公场所，本身就有利于各个创业者进行思想交流，如果经常举办活动，这种创新碰撞更为强烈，从而使内部氛围更加活跃，让创业成功率更高。

五是注重创业培训。很多创客只是知道创业，但是心中却并没有完美的创新，于是很容易就会出现盲目创业的情况，最后导致创业失败。因此众创空间应该加强创业教育，明确创业导师的重要地位，从而在创业初期给予准确的教育和指导，提高服务水平。

六是众创空间应该拓展资源，呈现全球化状态。随着互联网的高度发展，人们的创业活动已经不再局限于一定的地域中，而是走向全球。因此众创空间的资源也应该全球化，这样有利于开拓创业者的视野，为其提供更好的服务。

6.10 发展众创空间的重要意义

从古至今，中国一直在寻找着创业的方式，经过多种尝试，进行了全民的思想大解放，终于在新时代摆脱了那种守旧的观念。人们开始对创业进行关注，这让更多的人纷纷加入到了创新创业的大潮中来。

近些年来，在大力推动创新驱动发展战略的大环境下，我国关于经济发展的新模式与新的业态不断出现。这时候，众创空间作为一种新型的创业服务平台出现，伴随着网络时代的创新创业而进行发展。

那么，现在应如何运用有效的方法让众创空间继续顺利的发展，以进一步让市场更具有活力，这与它的本身是息息相关的。

我国众创空间中与科技企业孵化器和企业加速器进行链接，相互之间取长补短，以此来实现创新、创业与就业相互结合而在今后的发展中进行良性循环。众创空间让创业与创新紧密关联在一起，二者进行有机结合，这样便可以推动实体经济的转型升级。

让创意更好地转化为企业

降低了创业的成本和门槛

盘活了民间资本

发展众创空间的意义

众创空间进行的市场化运行大大降低了创业与创业孵化器的门槛，对于社会机构的吸引力巨大，他们会纷纷参与至双创工作中。众创空间让社会上拥有志向的人们都纷纷参与其中，积极性极强。众创空间推动了全社会创新创业的氛围，在一定程度上也引导着创业文化向前发展着。众创空间拥有强大的师资力量，他们将专业知识传授于创业者。

众创空间让投资与孵化进行结合，很多的民间资本与大众创业都参与到其中，二者进行结合成为了众创空间发展的重要模式。在近些年的发展中，众创空间以帮助了许多的服务团队与企业获得了融资的机会，而且它也会将自身的一部分资金投资于企业。

众创空间的发展顺应了当今时代的发展，如今在众创空间中为创业者进行创新创业指导的人员众多，对应的服务收入与投资收入也与日俱增，这些都证明了众创空间的发展日趋良好。但未来的创新还需要时间的积累与积淀，让人人都具有创新创业的观念与决心。众创空间伴随着时代的发展，在结合之前创业获得成功的一些优秀的企业，将会对未来经济的发展起到关键性的作用。

6.11 众创空间的未来

在“双创”热潮的影响下，创业者的创业热情不断掀起新的高潮，众创空间作为创业孵化器，也偕同各种类型的创业创新不断地吸引着人们的眼球，尤其是对于那些没资本、不了解市场、无经验、无团队的四无青年来说，更像是抓住了救命稻草一样，想要通过众创空间将自己的创新与创业零距离对接。由此可见，众创空间在未来依旧拥有非常广阔的发展之势。

尽管目前中国市场上，众创空间的发展已经呈现出磅礴之势，但是随着创客们日益新颖的创新思维，众多的众创空间也顺应各种市场主体做出自己的创新，发展出各种各样的模式来适应创客们的需求，从而呈现出一种百花争艳的绚烂局面。尽管对于大多数众创空间来说，房租是短期盈利，服务和投资是长期盈利，但是通过广泛的市场调查，我们依旧可以看见中国市场中众创空间的未来。

在总体形势大好的情况下，众创空间依旧会保持其自身盈利和服务提供的双重身份，以线上与线下相结合的方式打造出一个充满朝气的创业社群，建立起资源链接的平台，提供上游与下游产业的对接服务，针对创业者的不同需求针对性服务，使专业化更强，另外在盈利方面，会降低沟通成本，提高投资融资服务，谋求更大的生存空间，实现最终的品牌化经营。

从建造创业社群来讲，要建立起完整的资源链接平台。如今的“双创”已经发展成为一种经济常态，国家政府对于创业创新给予极大的支持和鼓励，众创空间为创新经济发展而服务受到广大创客的青睐。尽管众创空间会给广大创客提供非常良好的服务与融资平台，但是这并不等同于创业从此变得十分容易，广大的创业者依旧会面对创业中的各种困境，如资金、市场、技术等，因此众创空间想要解决这些问题，并且能够从中获利，就必须要通过线上与线下的方式建立起一个完善的创业社群。现在越来越多的人都意识到在行业内建设起一个生态系统的重要性，很多大型企业开始利用自身的优势建立属于自己的孵化空间，但是对于小型企业来说，并没有足够的能力去为自己营造一个平台，这时众创空间通过线上与线下结合所聚集起来的创新创业相关的主体就十分必要。这样一来，就可以轻松地实现核心资源共享。一旦创业社群建立起来以后，上游与下游的产业链对接就能够实现，资源交互，众创空间的发展会越来越繁荣。

随着创业者的不断加入，众创空间的面对各种各样的服务需求。产业进一步细分使得创业者的创业方向不断地精细化，这时对于众创空间所提供的服务也提出了更高的要求。因此那些综合性比较强的众创空间或许不再受创业者的青睐，而一些专业化比较强的众创空间会迎来更好的发展。其不断结合创业者的需求，形成特色经营模式，对每一个创客的真实需求，进行针对性地服务。例如在创业初期，功底的股权结构分配、市场发展方向、产品包装、技术打磨等都需要进行各个节点地针对性服务，这样才能使创业者突破每一个瓶颈走向成功。

另外，众创空间自身也面临生存的问题，如果众创空间不依靠短期的房租盈利，就要在运作上多下功夫。例如降低沟通成本、加大投融资力度等。从沟通成本方面来讲，在国家的创新创业号召下，未来创业者的激情仍会保持高涨之势，这就使众创空间增加了极大的压力，其最直接的体现就是在创业者入驻之前，众创空间与创客之间的沟通成本。对于创业者有意向入驻的项目，一般众创空间的运营总监会负责与其进行沟通，然后根据具体的运营成本对各种职能进行人员设定。这样运营团队不仅要与有意向入驻的创业者沟通，同时还会与已经入驻的创业者进行相关项目的对接沟通。尤其是很多有意向想要加入的创业者，运营总监往往会相同的内容不断地重复，使沟通成本太过于庞大。另外对于一些以投资驱动所创建的众创空间，不仅要面对外部申请者，同时还要注重对以融资为目的的项目审查，无论哪一种工作最后被选中的概率都非常小，但是前期的准备工作却相当繁重。

未来的众创空间，资源管理更加模块化，有效化，采用连锁经营的方式发展。为了降低沟通，提高工作效率，众创空间可以通过线上和线下相结合的方式将资源模块化处理，例如开设众创空间服务介绍，政府相关部门等，这样不仅可以让创客们直观地知道众创空间所具备的资源门类，同时又将与创业相关的各方面资源打通，更好地为创客们提供服务。同时线下还可以设置众创空间资源的展示区域，能够有效同来访者进行对接，这样线上线下相结合，使服务效率大大提升。另外随着众创空间的迅速发展，未来很有可能会发展为多点布局的连锁经营方式。这样的方式对于管理模式已经标准化的众创空间来说，具有非常大的发展助力，它可以广泛地吸纳资源扩大品牌的影响例力，同时还会拥有极大的市场占有率，这些都属于无形的资产，但是对于众创空间的发展却有着极大的作用。

尽管众创空间未来的发展趋势仍旧会非常乐观，但是其中也可能会出现各种问题，例如盈利不足、房租依赖、专业化服务水平低、一些私营众创空间缺乏相应的技术支持等，这样同样会在一定程度上制约众创空间的发展，有待于未来进行很好的解决。总之，众创空间的未来形势一片大好，一定会为“双创”做出最大的贡献。

6.12 众创空间拥抱最好的时代

进入创新全球化时代以后，国家想要繁荣发展就必须要保持经济的活力增长，而这种活力的主要来源就是大众的创新创业。如今社会发展十分迅速，各种创新要素高速地流动，例如人才的变动、技术的更新等，不断地催生着新型的创业孵化器。人们的创新想法也越来越受到重视。在这种大好的发展形势下，众创空间以一个非常好的姿态来拥抱这个大众创业，万众创新的新时代。

经济的发展，很大程度上取决于民众的活力。改革开放之所以能够取得成功，主要是因为活力经济的出现，而活力经济最集中的体现就是创业高潮的掀起。改革开放为我国的经济发展奠定了非常坚实的基础，但是实现跨越式发展仍旧是活力经济的功劳，这是我国几代人共同努力的结果，终于迎来如今全民创业的大局面。如今创业范围十分宽广，顺应时代的发展，推动大众创业、万众创新的形式，并且构建起面向大众的众创空间等创业服务平台，大众创新、万众创业已经成为时代的最强音。而新经济时代的崛起必然要走上创业、孵化、集群的道路，这就给众创空间的提供了广阔的舞台。

在大众创新的时代中，创意促进创新的出现，进而推动创业的发展，因此我们可以说，如今的时代是思想领先的创业时代。众创空间的出现完全与时代的趋势相符合，开放式的交流平台使人们灵感不断地碰撞，不断萌生出各种创新的思维，这些想法创意都是财富，成为企业发展的前期阶段。回顾时代的发展，财富的载体层出不穷，金银珠宝、货币已经司空见惯而，而创意想法已经成为新经济条件下财富的载体，并且成为企业成功的关键因素。企业成立的前期阶段是从想法到创业，将其独立管理已经成为新经济的一大特征。众创空间在这种经济特征下，对具有良好发展前景的想法创意进行筛选，并且将其培养成具有发展潜力的初创企业，使之成为新经济时代的中坚力量。

新经济时代给众创空间提供了良好的发展助力，天使投资使广大创业者实现了从想法到公司的发展，众创空间引进天使投资，为广大创业者提供创业资金和极大的精神鼓舞，在很大程度推动了创业的成功率，也为众创空间的发展提供重要的支持，也让众创空间拥有更大的发展空间。众创空间通过投融资机构将创业的引擎点燃，然后通过各种服务功能帮助企业发展壮大。

众创空间出现的时代之所以可以称得上是最好的，主要还体现在预孵化价值的凸显方面。如今的时代，大众创新创业的条件已经日趋成熟，预孵化价值十分凸显。之所以称大众创业条件已经日趋成熟，主要表现在三个方面，首先科学技术的发展使创业更加方便快捷。互联网发展迅速，如论是软件还是硬件设施的都已经发展完备。其次创业机会到处都是，互联网时代已经将创业者的消费个性完全凸显出来。人们可以在任何一个领域中进行创业。最后就是多元化的价值追求使更多的人产生创业想法。随着经济的发展，人们逐渐追求价值的多元化，尤其是年轻一族，个性特点非常鲜明，喜欢标新立异，更加渴望通过创业实现自己的价值。

众创空间作为这一时代的产物，顺应时代发展的要求，它聚集了所有创业所需要的条件，因此更加促进了企业的成功孵化。中国经济发展现阶段最迫切的要求就是促进全民创业，这个时代创新创业的大趋势给众创空间的发展提供了很好的契机。而众创空间则以崭新的姿态拥抱这个最好的时代，回馈时代，将创业服务从政府为主发展到市场发力，将小众创业激发为大众创业，以空间内部协同合作、最新的技术理念等促进创业的发展，逐渐打造出众多优秀的企业团队，为国家经济建设加油助力，为时代更好的跨越式发展助力。

6.13 让世界看到中国的创新力量

今天的中国，科学技术已经高度发达，并且正在为成为全球技术领导者而不断地努力着。然而任何科技和经济的发展都必须建立在不断创新的基础上，因此国家对于创新领域给予了非常高的重视。政府已经认识到，想要中国保持长期稳定繁荣的发展态势，就必须有自己原创知识产权和知名产品。

中国曾经是世界的工厂，在未来或许仍然可以占据这种有利的位置。然而在创新方面，过去的中国与其他国家具有很大的差别。其他国家，尤其是一些西方国家十分注重发明创造，而中国则更注重在原有的技术手段上降低制造成本，在这一方面中国具有的能力是非常强的。尽管在宏观经济发展方面，中国有很大的利益空间，但是想要在经济、科技等各个领域超越欧美国家，中国还面临着极大的挑战，同时也必须要坚持不断创新的道路。

中国的创新历史悠久，早在几千年以前，中国就是很多发明的发源地，例如造纸术、火药等。但是在过去的200年中，中国无论在产品还是服务方面都无法超越西方国家。对于中国企业来说，很多行业都是新型的，它们并没有创造出自己的产品和服务资源，后来他们发现，仅仅复制西方企业的成果更加能够参与到市场竞争中去，因此更极大地削弱了中国企业的创新意识。

今天我们已经越来越清晰地意识到创新的重要性，并且已经成为全社会的共识。我国现在是活力经济的时代，而经济的活力主要来自于不断地创新，只有经济多元化发展，国家的综合国力才会提升，经济才可能突飞猛进，超越其他国家。

大众创业、万众创新的时代到来后，我国掀起了高涨的创新创业热潮。只要有想法的人纷纷展现出创业热情，在企业孵化器的帮助下创办自己的企业。作为一种新型的企业交流平台，众创空间在创新创业方面起到了非常重要的作用，成功地将无数创新变成创业，并且将初创企业发展成为伟大的企业，为中国的创新贡献出了非常重要的力量。

如今中国的创新已经展现出非比寻常的力量，甚至让世界为之震惊。以杭州为例，杭州的创新力量就非常强盛。它是创业圈中被公认的“中国创业最火热的城市”。杭州成立了众多的众创空间，并且结成联盟，聘请很多优秀的创业导师指导广大创客进行创业活动。杭州上百家众创空间已经成功地孵化了上千家成功的企业，无论是在企业效益还是规模方面，都取得了非常大的成就。有调查显示，关于杭州的众创空间有这样一组数据：截至2016年6月，全市入编在册的众创空间超过 100 家，杭州市级认定的众创空间 45 家，众创空间总面积为 12.03 万平方米；一年来，累计入驻双创团队（项目）1430 个，已注册企业 938 家，注册资本累计 19.24 亿元，吸纳社会就业人数 15596 人；众创空间已设立或整合的基金 98 个，资金总规模 72 亿元。这组数据揭示的不仅仅是杭州创新发展的状况，同时中国的创新力量也可见一斑。

透过一个城市，人们可以窥视到整个中国的创新力量，也让世界看到了中国的创新力量。一个个孵化成功的企业不断地崛起，不仅加快了我国经济发展建设的步伐，同时也向世界宣示中国的创新力量已经崛起，并且正在一个惊人的速度快递地增长。中国未来的发展不容小觑。

第七章 创新驱动助力伟大中国梦

实现“两个一百年”奋斗目标、实现中华民族伟大复兴的中国梦。这是习近平总书记在中国共产党第十九次全国大表大会上向全国人民发出的号召，也是我党以及全国人民为之不懈奋斗的目标。要实现这一目标，需要全国人民齐心协力，努力奋进，坚持解放和发展社会生产力，坚持社会主义市场经济改革方向，推动经济持续健康发展。十八大以来，我国经济发展发生新变化，形成新常态，经济由高增速向高质量发展阶段转变，中央审时度势，要求经济全力转变发展方式、优化经济结构、转换增长动力。适时提出创新驱动战略，将创新上升到国家高度。为中国经济发展开动新的引擎，而众创空间作为国家创新的载体，将为中国特色社会主义的伟大事业，为我们尽快实现中华民族伟大复兴的中国梦做出自己的贡献。

7.1 撸起袖子加油干，众创空间要吹响冲锋号

“只要我们13亿多人民和衷共济，只要我们党永远同人民站在一起，大家撸起袖子加油干，我们就一定能够走好我们这一代人的长征路。”这是习主席向全国人民发出的号召，让我们团结一致，勠力同心，在我国全面深化改革，决胜全面建成小康社会，夺取新时代中国特色社会主义伟大胜利的关键时期，为实现中华民族伟大复兴的中国梦而努力奋斗。

习主席的殷切期盼和号召就是最好的冲锋号，在我国转变经济发展方式、优化经济结构、转换增长动力的关键时期，需要我们全国人民同心协力，鼓足干劲，为国家的现代化建设贡献出自己的力量。

而众创空间，作为将科技转化为生产力的关键平台，作为大众创业、创新的孵化基地，在这个关键的历史时期，更要准确定位，努力工作，为打造我国经济的创新驱动力，为启动我国经济发展的新引擎，为创造我国经济发展新的增长级做出自己应有的贡献。

在经济新常态下，在原有经济模式继续努力的基础上，科技因素对经济的贡献需要加大，我们要向科技要产能，向科技要增长。而众创空间作为科技成果向经济发展成果转化的关键要素，在这一特殊的时期要发挥出关键作用，在众创空间的孵化下，要提高科技成果的转化率，让科技成果尽快成为实实在在的社会财富，形成我国经济发展

新的增加值，为稳增长做出自己的贡献。

除了科技成果的转化，在新时期内，众创空间还要承担起活跃市场，激活社会资源的关键作用，要大力扶持个人及小微企业创业，通过众创空间特有的优势，积极扶持大众创业，为创业者提供培训、孵化等帮助，加快企业成长，活跃我国市场经济，为经济的稳定，高质量发展做贡献。

总书记的号召已经发出，全国人民要撸起袖子加油干，众创空间作为我国经济生活中的重要力量，在这一新时期，要积极响应总书记号召，肩负自己身上的使命和职责，积极发挥自身优势和特点，完成好党和国家交代给我们的任务，我社会主义建设做出我们的贡献。

7.2 创新驱动，新引擎要释放超能量

2008 年美国次贷危机引爆世界性经济危机后，世界各国虽采取各种办法努力救市，但世界经济依然回暖乏力。中国经济也受到波及，面对经济巨大的下行压力，党中央国务院果断决策，出台一系列政策措施调结构、促增长，保证了我国经济的平稳有序运行。

党的十八大以来，中央明确提出：“科技创新是提高社会生产力和综合国力的战略支撑，必须摆在国家发展全局的核心位置。”创新驱动已经成为国际级发展战略，新的课题摆在我们的面前，如何更好地鼓励创新，发挥创新在经济生活中的重要作用，成为我们必须要解决好

的问题。国务院多次出台文件，要求全国各地持续深化改革，加快实施创新驱动发展战略。其中《中共中央国务院关于深化体制机制改革加快实施创新驱动发展战略的若干意见》，对鼓励创新，实施创新驱动战略提出了明确的要求。《意见》要求营造公平竞争的创新环境，建立创新导向机制，强化金融创新的功能，完善成果转化激励政策，构建更加高效的科研体系，创新培养、用好和吸引人才机制，推动形成深度融合的开放创新局面，加强创新政策统筹协调。意见的提出，从国家层面明确了创新驱动在我国经济中的战略地位，创新驱动成为我国经济发展的重要推动力。

创新驱动，要向高科技要生产力。靠科技附加值高的产业带动经济的发展，改变传统意义上靠劳动密集型产业、靠资源消耗性产业拉动经济发展的模式。转变我国经济增长的方式，从要数量转变为要质量。创新驱动，将科技创新摆在了国家发展全局的核心位置。

创新驱动战略的实施，有助于我国新的国际竞争优势的形成，对我国今后经济的发展有着重要的战略意义。改革开放之初我国赖以发展的劳动力和资源优势正在消失，我国经济的发展需要寻找新的经济增长点，而科学技术就是接下来我们赖以发展的主要优势。创新驱动战略会发挥科学技术在经济发展中最大的优势，其低成本、高附加值高回报的特点，将会给我国经济的发展注入强劲的动力。当前我国经济正处在调结构、稳增长的关键阶段，大力实施创新驱动战略，有助于我国经济保持高速稳定增长。

众创空间作为我国实施创新驱动战略的关键环节，有效促进了科技成果的转化率，提高了创业企业的科技含量，孵化大量高科技企业进入市场，提高我国经济的科学技术含量。另外众创空间作为创业辅助机构，为大量的科技创新人才和企业提供必备的创业条件，降低了社会创业的门槛，大量创新成果转化成实实在在的社会价值，大大激发了人才创新的积极性，活跃了社会创新的氛围。

在新时期内，众创空间要充分发挥自身优势，重点加大对高新科技企业的扶持力度，积极帮助创业企业落实国家政策，拓宽融资渠道，寻求技术转化，从快从优扶持企业实现投产，创造社会财富；众创空间要配合城市发展战略布局，根据政府规划对企业进行有力扶持，结合当地实际情况，扶持能够有效利用当地特色，完善当地产业布局的企业，提升区域内企业的科技含量；众创空间要重视与当地科研院所的合作，加大对科研院所科研成果的扶持力度，尽快将科研成果转化为生产力，提升全社会生产的科技含量，将创新驱动战略落到实处。

7.3 振兴农村，众创空间大有可为

在党的十九大报告中，习近平总书记重点提到了农村问题，总书记说我们现在要实施乡村振兴战略，这关系到全国亿万农民兄弟的生活质量，是关系我国国计民生的根本性问题。在报告中总书记这样说："构建现代农业产业体系、生产体系、经营体系，完善农业支持保护制度，发展多种形式适度规模经营，培育新型农业经营主体，健全农业社会化服务体系，实现小农户和现代农业发展有机衔接。促进农村一二三产业融合发展，支持和鼓励农民就业创业，拓宽增收渠道。"农民除了种地，还可以做许多与农业相关的产业，只要引导合理，措施

得当，农民可以有许多新的出路，增收创收，新时代的农民不再仅仅是面朝黄土背朝天的形象，他们有许多自身的优势是其他社会群体不具备的，农业可以与工业、服务业、旅游业等产业实现有机结合，在致富路上我们的农民大有可为。

而我们的众创空间要将这些要素囊括到我们的服务范围内来，对农民创业者给予特殊的扶持，挖掘他们自身的优势，与市场有机结合，让农民在土地之外获得额外的收入。众创空间要对农民进行创业培训，引导他们如何利用自身优势与市场结合，如何将自家的“山药蛋”转化成市场上的“香饽饽”。

农闲时节农村剩余劳动力是社会闲置的巨大的资源浪费，众创空间要进行有效引导，激发这些社会资源的无限力量，将闲置的资源转化成巨大的社会财富，让农民增收多元化，科学化。让众创空间成为我国振兴农村战略中的重要组成部分，为实现农村的振兴，农民的增收做出自己的贡献。

7.4 建设制造业创新体系

制造业是一个国家工业生产水平的直接体现，是一个国家是发达国家还是发展中国家的重要衡量标准。我国要建设社会主义现代化强国，必须要建设强大的制造业体系，提升我国综合国力。

全球性的经济危机爆发以后，对全球的工业生产造成了重要影响。我国工业生产也不能置之身外，在这个全球化的时代，每个国家都是世界经济的一部分。经济危机危及到了每一个国家的经济。据新闻报道，受经济危机的影响，英国工业制造业遭到了重创，英国政府想尽各种办法挽救自己的经济和制造业。而其中最为关键的一项措施就是建立“弹射中心”，恢复制造业的活力。所谓的“弹射中心”就是指英国国家级的创新中心，这些创新中心汇集了英国全国的创新力量，用高科技作为驱动力，带动整个制造业的恢复和发展。促进科技成果的产业化，打造科技与产业紧密结合的制造业创新体系。

无独有偶，英国人的弹射中心开始建立的同时，我国政府审时度势，适时地提出了“大众创业，万众创新”的战略布局，而众创空间在这其中发挥着至关重要的作用。在我国，众创空间发挥的作用就是类似于英国的弹射中心，区别在于英国只是举国之力建设几个弹射中心，而我国领导众创空间在国家的号召下，全民创业热情高涨，创新成为整个时代的号角，众创空间在中华大地遍地开花，将创新创业的热情推向了高潮。就好像有无数个中国式的弹射中心屹立在中华大地，只不过我们的范围更广，规模更大，影响力更深远。

制造业创新体系在高科技元素的催化下布局更加合理、科技化程度更高。这其中既有世界领先的国家级重点科技项目，同时也有结合各地有利因素创立的创业孵化中心，中华大地上所有的生产资源都被调动起来，制造业新体系不断完善，水平不断提高，成为我国经济发展的重要支撑力量。

7.5 技术创新提升竞争力

科技创新，已经成为今天世界各国综合国力竞争的重要方面。谁在科技创新的高地上取得领先，谁就在今后的国际竞争中占据了主动。科技创新能力，已经成为今天国家间竞争的核心竞争力。如何提升国家技术创新能力，事关国家在国际上的地位，是综合国力最具代表性的象征，是一个国家工作的重中之重。

提升我国的科技创新能力，关键是要加快科技成果的产业化转化，将科技成果转化为社会财富，为科技研究投入更多资源，为科技人员创造更好的研究环境和待遇，鼓励科技创新，打通科研与产业之间的通道，形成良性的循环。而这一切的关键，就是众创空间。

众创空间给科技提供了最佳的平台，有针对性的扶持，成熟的资本支持，都给科技成果的产业化转化提供了最大的帮助。科技成果只有产业化，才能实现其社会价值和经济价值，才能让科学技术成果得到应有的回报。

在新时代，众创空间要主动承担起国家赋予的重任，积极与科研院所对接，主动将科研院所的科研成果产业化。为国家科技项目提供政策扶持，融资支持，改善我国科技创新环境，加快转化效率，为我国科技创新水平取得新的突破做出自己的贡献。

众创空间，是科技成果实现其价值，实现转化的关键时期，正是在这里，科技成果实现了其华丽的转身，从一个理论意义上的科学技术变身为能够给人们生活带来改变，创造出巨大社会价值的事物。这里是科技成果华丽转身的见证者、推动者，就好像小时候家庭、父母对我们的呵护一样，众创空间将国家的扶持政策直接传达给创业者，让国家的政策对科技的支持最直接地体现出来。当一项科技性成果，一家科技企业在日后成长为参天大树的时候，他会知道，在他最需要的时候，国家给了他最无微不至的支持，而这一支持的执行者，就是我们的众创空间。

众创空间，在科技创新的竞争力的提升中发挥了最关键的作用，众创空间承担着国家使命，肩负着国家对创新创业的重托，必将在我国科技发展、科技创新的道路上发挥出越来越重要的作用。

7.6 聚天下英才共创辉煌

习近平总书记在十九大报告中说："倡导创新文化，强化知识产权创造、保护、运用。培养造就一大批具有国际水平的战略科技人才、科技领军人才、青年科技人才和高水平创新团队。"人才是一个国家最宝贵的财富，我们要创建创新型国家，提高我国经济科技含量，实行创新驱动战略，必须要建设一支高素质的科技人才队伍。这支队伍是我们国家科技创新的强有力保证，同时也是活跃我国市场经济，提升我国经济发展水平的重要力量。

众创空间作为创新转化的前沿阵地，是人才的汇聚之地，是人才暂避风浪的港湾，众创空间要让创业人才感受到家的温暖、家的呵护，让每一颗创业的幼苗在众创空间茁壮成长。而终有一天，这些幼苗会从众创空间中走出，成为参天大树，成为撑起祖国蓝天的栋梁。而这就是众创空间为我们的国家做出的最伟大的贡献。

众创空间作为创业的前沿阵地，是国家政策与创业人才发生交集最多的地方。众创空间要确保国家对于人才，对于创新的政策得到第一时间的发布，要让人才和企业真实感受到国家对他们的支持，对他们的关爱，要让他们真真切切地感受到国家对于创新创业的格外关注和关爱，以及各种优惠政策的扶持。

众创空间是顺应互联网时代创业创新特点和需求，通过市场化机制、专业化服务和资本化途径构建的低成本、便利化、全要素、开放式的新型创业服务载体，是加快形成大众创业、万众创新生动局面的新动力。众创空间作为国家扶持创新创业的载体，是高技术人才将科技成果转化为社会生产价值的最佳途径，是吸引社会人才加入的人才聚集高地。在众创空间人才能够得到最大的支持，自己的科技成果能够得到最高效率的转化。

众创空间就是凭借自己特殊的资源优势将人才吸引到这里，规模化辅导、规模化辅助，以最小的社会代价，最高的孵化效率，为社会输送大量优秀的企业，活跃我国市场经济，改善我国经济结构，提高经济中的科技含量，提高企业的质量，为经济的发展提供全新的发展动力。另外众创空间不但将科技成果转化为了社会财富，更关键的是他为创业者提供了绝佳的创业平台，降低了创业的成本。越来越多的创业者来到众创空间实现自己的创业梦想，这里成为天然的人才高地，国家提出的大众创业、万众创新的政策在这里成为现实。天下英才齐汇于此，共同创造中国经济辉煌的明天。

第八章
千帆并进的中国众创空间

众创空间进入中国后，在政府的支持和鼓励下迅速地发展起来，成为创客和小微企业创业的重要方式，如雨后春笋般在全国各地建立起来，以千帆并进之势席卷中国。在这其中，出现了一大批知名度高、操作成功的众创空间，他们以其科学规范的操作、高效精确的孵化效果成为整个行业内效仿和学习的标杆，这些众创空间代表了整个行业的最高水准，代表着众创空间未来发展的方向。

8.1 创新工场

创新工场由李开复博士在 2009 年 9 月创办。创新工场致力于新一代高科技企业的早期培育与企业创业初期的投资，平台的宗旨是帮助中国青年成功的创业。

创新工场为创业者提供早期创业所需要的商业、技术、产品、市场、人力、法务、财务等提供一揽子创业服务，通过这些服务的支持，帮助企业尽快适应市场的需求，让优秀的项目和创业者成功创业。

有别于其他众创空间，创新工场有着资金明确的投资方向，它将自己的投资领域固定在人工智能和大数据、文化娱乐、在线教育、B2B 及企业服务、O2O 及消费升级、互联网金融。

创新工场有着自己顶尖的专家团队和雄厚的资金支持，能够为创业者提供全方位的服务。创新工场的专家团队集中了一批行业精英，这些人大多具有国际知名企业的高管经历，能够为创业者提供专业且有效的创业指导。另外创新工场得到了全球知名财团及投资者的青睐，保障了创新工场有足够的资金能够对有市场前景和发展潜力地项目提供资金的支持。

针对入驻创新工场企业类型和发展阶段的不同，创新工场制订了有针对性的、不同的孵化计划，帮助企业发展壮大。这其中包括加速计划、助跑计划以及创业家计划。

具体而言，加速计划，针对那些具备清晰的商业计划以及产品模型和核心成员的创业团队而设定。在这一计划中，创新工场会为创业团队提供团队建设的支持，利用创业工场雄厚的人力资源储备帮助为创业团队搭建更加合理和高效的团队。在公司的注册、财务管理、产品的定位、市场的调研以及推广、政府关系指导、合作伙伴介绍等方面提供全方位的指导服务 。最为关键的，创新工场在经过科学的评估之后，会为项目提供种子基金对项目进行支持，并对项目获得下一轮融资机会进行支持。

助跑计划是为年轻的初次创业者而设立的孵化计划。创业工场会通过互联网等途径寻找具备市场前景的创业新秀进行指导培训，帮助其快速创业，实现创业目标。这类创业者普遍存在的特点就是具备很高的产品技术与设计天赋，但是在商业管理以及运营经验方面十分的欠缺，针对这些情况，创新工场会为他们提供合适的办公场所，在公司注册、产品评估、市场调研等方面给予积极的支持，对产品本身、商业价值等进行全面的指导，并对项目提供一定的种子基金，帮助项目顺利开展。

创业家计划的对象是那些具备丰富经验的高端人才，他们渴望通过创业开辟自己的另一片天空。这类人有着深厚的行业背景和经验，但是还缺少成型的商业计划和产品。针对这种情况，创新工场会为他们提供办公的场所，并且提供平台的资源供创业者使用，让他们对相关的领域进行深入接触，利用自己的经验与市场进行深度对接，寻找合适的项目，并根据项目的发展前景决定是否给予投资。

总体来说，在创新工场限定的领域范围内，根据创业者自身不同的情况，创新工场提供了不同的孵化计划，帮助创业者实现自己的梦想，在平台的帮助下获得创业的成功。

8.2 联想之星

联想之星全称为联想之星培训班，是由中国科学院与联想股份有限公司在 2008 年共同提出，联想承担规划的一项科技创业高级人才培训项目。其目的旨在加快科技成果转化，实现科技产业化，将具有企业家精神和素质的科技成果带头人培养成为科技创业企业的 CEO。

其具体培养计划为中国科学院按选拔 20 个具有发展潜力的科技成果和科技创业企业的学术带头人集中到北京进行为期一年的培训，然后根据培训效果对科技成果和企业进行评估，对具备培养潜质的项目进行资金注入，帮助企业快速成长，以使该企业能够实现规模化发展。它还开放了平台，整合内外部资源，这是一个为创业者提供的创业平台，其中可以为创业者提供持续和全方位的科技发展。当中包含着联想之星创业 CEO 特训班，以各期的学员为主体的一个创业联盟，也包含了集成地方合作伙伴支持资源的孵化基地，公开纳入投资、政府、服务、媒体等资源。

在走了将近三十年的艰辛道路上，联想收获了一条成功的创业之路，从而总结出了一条具有特色的联想管理之路。2001 年时，联想进入了风险投资领域，先后投资了上百家创业企业，与那时的创业者们一同奋力，共同迎接挑战，一起进行探索，他们对科技创业之道有了更深的了解。

迄今为止，联想之星创业培训有了联想之星创业 CEO 特训班 + 区域短训班 + 创业大讲堂的培训体系。联想之星培训班对于参训学员是全部免收学费的，培训期间配备联想高级管理人员结合中科院资深教授、知名企业家以及世界顶尖咨询公司专家组成强大的师资团队，对学员进行有针对性的培训。帮助学员将自己的科研成果快速有效地转化为科技产业，应用于社会生产实践。

在此期间，联想会利用自身的优势对具有发展潜力的科技成果进行资金扶持，帮助企业发展，尽快实现产业化。

总体来讲，联想之星还是属于早期企业孵化器的模式，其门槛相对而言是较高的，与当下兴起的众创空间还是有着很大的差别，只能说是我国早期科技企业孵化的一个雏形，是我国科技孵化过程中的一次有益的尝试。

8.3 柴火创客空间

柴火创客空间 2010 年创立，总部位于深圳，创客聚集在此来发挥自己的创意。在这里，大家可以分享自己近期的一些成果，也可以关注一下新型技术。经过 4 年的努力，已有 1 万多人参与到相应的活动中。

作为深圳的第一家创客空间，柴火创客承载着执着与信念。柴火创客空间拥有自己的资源，其中包含有物联网、开源硬件、Linux 及嵌入式开发等多个主题，现在还在不断地增加中。柴火创客的寓意为

“众人拾柴火焰高”，这就为拥有新想法的制作者提供了一个自由开放式的制作环境，这样不仅可以鼓励跨界交流，而且还可以增进创意的实现以达到产品化。

柴火创客对会员进行了分类，分别为 VIP 会员、升级会员、普通会员与体验会员，其中针对会员的权益制定了收费标准。

对于 VIP 会员，其有固定的桌子，但仅限 4 人，会员从事的行业需与柴火的目标一致，针对会员的开放时间为 24 小时 ×7 天，二楼的阁楼为办公的地方，VIP 会员具有独立的办公桌，享有优质的创业氛围；对于升级会员也规定了空间开放时间，在此期间，升级会员没有固定的桌子使用，除了二楼之外，可以在露台等地办公，如果这时候 VIP 会员是在操作台办公，就会有柴火工作坊开展，那么其他会员就要先行离开，升级会员在这段时间也可免费使用空间工作坊与空间提供的大部分工具与材料，同样有部分是需要进行付费的；对于普通会员，柴火创客还规定了空间开放的时间，除周一之外，一个星期都制定了开放的时间，在此期间可免费试用空间工作坊与空间提供的大部分工具与材料，但部分也需要进行付费使用；体验会员可根据自己真实的情况自愿支持柴火，对于工作坊中制作的成品可自行带走，一旦工作坊的成本提高，就会提前公布此次活动的费用。

关于柴火活动的开放日是在周五，但需要在柴火的官网上预约。工作坊在每周末都要进行不同的主题，会员可以通过微信、官网、电话或邮箱来报名。在这里有不同类型的分享会，可以分享创新理念，分享创意，也可以分享对产品的体验等。拜访日是柴火会员的专属活动，可以带小伙伴们一起去拜访创客空间、创业公司与孵化器等，这样可以促进相互间的交流与合作。在每周三的晚上还会进行柴火共进社，这属于柴火会员的专属活动，会员可以聚集在这里进行交流，共同做有意义的事，也可以一起研究有意义的项目。

柴火由深圳矽递科技有限公司牵头成立，是一个中立的、不以盈利为目的的组织，获取经费的方式除了包含有会员的会费之外，还有每周末的工作坊、寄卖创客的作品与场地对外租借这些方式，以此来维持自身的运营。

8.4 成都创客空间

成都创客空间创立于2010年8月，它是一个旨在推动互联网计算，开源软、硬件，进行技术创新，进行知识分享，通过创意交流，大家共同创造而提供服务的一所机构。成都创客空间风靡全球，拥有自己的实体空间，采取社区化方式进行运营。

成都创客空间是西部第一个创客空间，同时又是全球数百个创客空间其中之一。聚集在这里的成员可以一起开展一些自己感兴趣的项目，他们可以在这里举办嵌入式系统、电子、机器人、编程等不同类型主题的培训班与研讨会。同样的，这一创客空间又向软、硬件高手、设计师、DIY爱好者、电子艺术家以及所有爱好自己亲自动手制作物件的人们提供一个开放式的社区，同时为他们提供了实验空间和必不可少的基础设备。成员们共同在这里拆拆装装，进行各种电子与物理产品的研究，如果期间谁有一些好的想法与设计理念，也可以通过相互之间的交流从而进行完善。成都创客空间同时是一个融资与管理的平台，以此来帮助创业者实施自己的作品与项目。

成都创客空间的背后拥有一支强大的团队，如天府软件园创业场、成都创客坊与十分咖啡等。成都天府软件园属于中国最大的专业软件园区，是我国十个软件产业基地其中的一个，是国家软件出口创新基地，还是国家服务外包基地城市示范园区。在软件园不同的区域中都有相应的企业入驻，它是国内外知名软件和服务外包企业在中国战略布局的首选地，同时也是国内外软件产业资源力量的集中地。

成都创客坊将产业定位与人工智能化、开源硬件、增材技术与智能硬件，主要以培养创客的动手能力为主。它服务西南地区的创客，为创客提供了物理交流平台，依此来实现创新创意转化、提升区域创新意识与创业孵化。主要以培养创客的动手能力为主。

十分咖啡为成员提供平台、咖啡与手游，其中经营着点心、奶茶与咖啡等，同时还为会员提供会议与聚会等场所，总占地面积为 1500 平方米。它将产业定位于物联网信息产业与移动互联网。十分咖啡将移动游戏与移动应用作为切入点，为 TMT 行业提供了创业服务平台，将工作重心放在 TMT 行业的创业者身上，并还完善了行业信息与资源服务，让其进行交流与知识分享。

成都创客空间与其他创客空间一样，也属于自主运营，当中的成员都秉承着同一个理念，那就是在快乐中进行创作。在这种大环境下，人们可以研究新技术，与团队一起协作，共同参与国际竞赛，拥有创造精神就可以寻找到新的机会。成都创客空间的使命就是支持与帮助，为了达成它创建与推广的目的，它还积极举办了讲座、研讨、工坊、竞赛等活动。并在今后的工作中继续传播其理念，继续推广创客的文化。

8.5 上海新车间

2010 年 10 月 1 日是上海新车间成立的时间，它为电子艺术家、硬件高手、DIY 爱好者、设计师，还有所有喜欢自己亲自动手制造各种物品的人提供了一个开放式的社区，不仅如此，上海新车间还为入驻者提供了基础设备与实验空间。

聚集在这里的人们可以和与他们有共同爱好的人一起拆或组装电子与物理产品，还可以在这里分享自己的创新想法，然后再进行设计。新车间是将一个工作空间提供给人们，他们可以在这里实施自己的项目，举办像电子、编程、嵌入式系统与机器人等等这样不同主题的研讨会以及培训班。除此之外，新车间还是一个融资与管理平台，以此来支持人们在今后实施自己作品与项目的目的。

上海新车间的创始人李大维，因为机缘巧合而创造了新车间。从始到终，他都认为创客的本质就是玩，再加上互联网的出现，让人们独自享受的玩乐成了众人都在享受的玩乐。人们总是会认为，这位创始人就是以一个幸运儿的身份赶上了时代的浪潮才有此好运的。事实上，李大维对如今发生的一切都在他的意料之中，他并没有对现如今的情形而觉得意外。

现如今，新车间在上海有两个活动地点，当高峰时期来临时，就会有百余人聚集在这里发挥自己的创意，以此实现自己的目标。创业者在我们的影响当中开始都非常苦，吃泡面、终日奔波、没有休息时间等，但根据上海新车间创始人李大维看来，创业者也是可以过体面而又精致的生活的。很多“新车间”的创客都在平时都按照自己想象中的方式生活着，在生活中他们喜欢动脑研究，将研制好的东西发到网上，遇到需要这种物品的人就会向他们购买这些创作出来的东西，这些创客在轻松之余就可以得到一笔可观的收入。

上海新车间会采取会员制的模式进行收费，对会员实行了每个月的收费标准，如果会员需要使用空间的设备与场地时，还需要另外交一部分费用。而对于志愿者可以免费开放，但需要志愿者协助完成应有的工作。

新车间里的创客分为两类：第一类是鉴于自己的兴趣爱好而在其中以玩家的身份存在；而第二类则是一些带着自己志向的创业者。

上海新车间与每个创客空间都一样，在自主运营着，当中大家最终的志向都是一样的，也就是他们在创作的过程中快乐着，为创作的结果高兴着。这里的创客可以任意展示他们的新技术，整个团队的力量都凝聚在了一起，大家相互协作，同时，他们也参与到了国际竞赛当中，迎接着新的挑战。

8.6 北京创客空间

北京创客空间成立于2011年1月，是全球创客网络中重要的组成部分，在亚洲，它是规模最大的创客空间。在北京，它拥有的创客会员有300多人，有10多万人都在关注着它，影响力极大，活动场地的占地面积为1000多平方米，同时还拥有原型加工基地300平方米，拥有最完备的设备与加工设施。

北京创客空间在中关村国际数字设计中心907室，创始人是王盛林与肖文鹏，两个年轻人共同创立。最初，他们与几个朋友一起在几十平方米的小屋子里开始了艰辛的创业，他们在每周都会通过社交网站举办“创客”聚会与工作坊，通过教学的方法让人们自己动手来制作东西。2012年，王盛林为了将自己的创客空间发展壮大，创办了第一届“创业嘉年华”，当时，吸引了大约有七八十家创客，他们都来这里参观，不仅如此，同时这一举动还引起了北京市政府、中关村管委会的重视。由此，北京创客空间被中关村管委会纳入中关村新型孵化器项目当中，接着帮忙解决了场地与部分经费。从2011年开始，经过两年的努力将北京创客空间发展成了四十五人的一个大团队。不仅如此，他们还在这段时间里创作出了很多新奇之物，如可以流露出喜、怒、哀、乐表情的一种小怪兽形状垃圾桶，可以用塑料实现立体实物打印的3D打印机，前提是需要将设计图输入至电脑。

除了 3D 打印机之外，在北京创客空间的人员还在进行着或已经完成了的项目有：概念电脑、3D 扫描仪、多点触控桌、MR 机器人与物联网传感器等等。在团队的内部也分为了很多个工作坊，其中包含有 3D 打印工作坊、互动工作坊与 Arduino 工作坊等等。

北京创客空间有一个全开放性的实验室平台，一些设计师，软硬件高手，DIY 达人和艺术家都可以聚集至这里提出自己的想法，他们可以在这里相互交流，成为志同道合的好朋友；他们可以发展或运用当前现有的开源与学术研究成果，将自己的想法运用至实际当中，以此来实现自己的愿望，还可以在这里进行深入研究。

北京创客空间是创业者的交流平台，同时还是一个实实在在的实验室。在其中，他们将“开源硬件”定义为全新的研发与生产模式，也就是提醒着开发者不要受专利的制约，关键是让他们拥有技术基础，有最新的研究成果为他人提供方便，深入研究，以此来加速新型科技的进步，促进社会的发展。

8.7 36氪

36氪于2011年7月由北京协力筑成金融信息服务股份有限公司创办。其在国内的知名度很高，属于互联网创业生态服务平台。36氪在中国互联网创业方面的资历可以说相当深厚，到2015年时又加了一个新的身份为股权类互联网金融平台。

36氪的构成有36氪股权投资、36氪媒体、投融资FA服务和36氪研究院，除此之外，36氪旗下还拥有子公司"氪空间"，这家子公司的目的是为创业者提供众创空间服务为中心。

36氪拥有一支很强大的创始团队，36氪的创始人是刘成城，现任36氪联席CEO，亚杰商会会员、中关村天使投资联盟副理事长、民主建国会会员，他善于投资，在国内外先后投资了数十家互联网公司。36氪的其他创始人还有魏珂、王壮、林都迪与胡建，魏珂为36氪联合创始人兼联席CEO；王壮热衷于科学，曾在2010年年底联合创办了36氪，现在负责36氪的媒体工作，以便为创业者提供更好的资讯与服务平台；林都迪为36氪联合创始人；胡建为36氪的联合创始人兼CEO。

36氪私募股权投资平台将创业者与投资人结合起来，它可以为优质的TMT创业公司提供股权投资、品牌宣传、社会资源协调等多项服务，而有许多投资人都蜂拥而至，他们通过合理参与创投，可以挖掘到行业当中的佼佼者们，在这里，聚集了很多有资源与有能力的人。

36 氪投融资 FA 服务团队是专注 TMT 领域的新兴精品投行，36 氪中有媒体、孵化器与培训体系等，其流量入口触达海量项目源。他们会对自己所触及的行业进行进一步的研究，从中发掘优质的项目，以完美的方式对接投资机构与创业者，这样就可以为融资环节提供专业的 FA 服务，以充分发挥融资的作用。

36 氪在 2010 年 12 月 8 日开始在网站正式上线。2011 年获得了来自于九合创投的天使轮投资，紧接着首次举办了一场大型线下活动 36 氪开放日。利用 4 个月的时间推出了创业投资服务，以此来帮助需要融资的创业者对接投资人。这次取得了显著的成效，通过了一年多的试运行，总共收录了 7000 多家互联网初创企业，同时有 300 多位投资人先后入驻，最终取得的成果——帮助 200 多家初创企业对接上了自己的投资人。2012 年先后在美国硅谷与香港举办了 36 氪开放日活动。截至 7 月份，36 氪报道出了中国国内互联网初创企业数有 1000 多家，可见当时互联网初创企业在飞速发展。2 个月之后，36 氪与德勤联合在德勤高科技与高成长 50 强颁奖典礼内退出了针对初创企业的“明日之星”奖项，当时有六家互联网初创企业都获得了此奖项。这一年，36 氪在国内的创业团队有 489 个，它的创业团队在网站的用户量、下载量与流量等方面获得了较大的提升，不仅如此，在与投资机构对接和对外合作邀请等方面也获得了很大的提升。

截止到 2015 年 12 月底，36 氪旗下活跃着 2000 余位机构投资人，先后聚集了 5 万多家创业公司，总共有 6700 余家企业挂牌融资。

8.8 氪空间

氪空间为 36 氪旗下的一个创业孵化器，现已拆分，并且开始独立运营，其中业务包含有联合办公空间与孵化器。有些团队的产品可以做得淋漓尽致，但是却无顺畅的融资资源，这时，氪空间的出现就可以为这样的团队提供服务，让此团队在早期可少走弯路，以获得融资的起步。

据悉，2016 年 1 月，氪空间从 36 氪拆分，至此，获得了由柯罗尼新扬子基金领投。当时多家上市公司与九合创投、戈壁投资跟投至 A 轮融资，最关键的是其中还有著名企业家冯仑的参与。此次氪空间获得了 A 轮 3.21 亿元的融资。总裁是复地集团的一位资深的地产人——钟澍；亚朵酒店高管刘培、原汉庭出任首席运营官，并加盟了氪空间；吴峥为国内"智慧酒店信息化平台第一人"，此次出任了首席技术官也加盟了氪空间；高级副总裁贾文静，具有十多年商业地产全案开发经验，并且先后任职多个大型地产集团中高层管理，同时其也加盟了氪空间。

氪空间的优势就在于团队的创业项目一旦入驻，此平台适时启动帮助项目融资的相应流程，此后，还会运用这件事来帮助创业相应公司的团队与产品进行进一步的提升。氪空间的好处就在于帮助本该改写历史的创业公司，享有了融资机会之后就可以改变历史，可以获得这样的机会。

2016 年的 3 月 3 日下午，氪空间的总裁钟澍和 TA 众创 CEO 李然正式签署了关于战略合作方面的协议。协议内容包含有氪空间与 TA 众创一起设立合资公司。双方都注入了各自具有优势的资源，以“氪空间”为品牌，然后开展了联合办公类业务，共同协作，一起拓展市场。

双方在这次战略合作中整合了各自的资源，使用同一个品牌，利用资源优势在短时间内经过联合拓展与复制，首先在北京完成了快速布局一系列联合办公空间，之后又先后在上海、深圳、杭州等地联合布局。

2017 年 7 月，氪空间又引来了第三次融资，同时也获得了来自中民投的战略投资。

当今中国已经迈入了“轻资产模式”主导的城市有机更新时代了，商业空间与商业地产将面临前所未有的大改变，因此，这是联合办公的机遇。在这样有利形势下，2017 年的中国联合办公已从对标 WeWork 开始有条不紊地、慢慢地走出了属于自己的特色了。

氪空间的总裁钟澍曾说过 :“氪空间能够为初创期企业、中小企业以及大中型企业提供办公空间一站式解决方案，一方面不断更新升级空间产品及体验，一方面持续发挥在社群运营、增值服务层面的优势，让每一个入驻企业和每一个入驻者亲身体验到，与工作、办公相关的各种服务都唾手可得。”

到现在为止，氪空间已在北京、上海、南京、广州、杭州、深圳、成都、苏州、武汉、天津等 10 座城市获得了二十八个社区。融资之后，氪空间会在将来让一线城市与主要二线城市的布局得到进一步的完善，并且计划在 2018 年在全国再新开六十个社区，进一步落实“五百千万”的战略目标，也就是五年计划，将要打造一个百城千店万亿产值的万亿氪空间。

8.9 车库咖啡

车库咖啡属于创业孵化器模式的咖啡厅，从 2011 年 4 月开始正式营业。每个创业者可以在这里购买一杯咖啡，然后就可以利用一天的时间共享这里的办公条件，这里为他们提供了扫描仪、打印复印机、各类移动测试设备以及远程测试服务器。不仅如此，创业者们还有可能在这里遇到天使投资者，这里聚集了创业者与投资人，还有关注他们的媒体记者。

车库咖啡位于海淀区西大街 48 号某一家宾馆二楼，站在外面的人根本不会看出它有什么特殊之处。这就证明了它的外表一点也不张扬，显得很低调。这里属于中关村西区的商务集中区，车库咖啡与周围的学校和公司相比，并不显得那么突出。但走进它的内部，看到的是另一番景象，这是一个大平层，有一个大厅、一个大会议室、一个书房与四个小会议室，加起来有 800 平方米。

车库咖啡的运营模式在开业之日起显得特别新颖，为此，还吸引了新的创业团队不断地入驻。车库咖啡的成功，吸引了金融机构的注意。之后便有北京银行副行长许宁跃与车库咖啡的创始人苏菂签署了战略合作协议。除此之外，还包含有掌游移动科技公司在内的四个创业团队。截至目前为止，在车库咖啡的运作协调下，中关村分行已累计为 4000 余户中关村示范区高科技、高成长的中小企业发放贷款有

800 多亿元。

车库咖啡作为一家孵化器具有三种孵化方式，采取了实体 + 虚拟 + 流动着三种孵化模式。实体孵化利用的是车库咖啡开放办公空间孵化初创期团队。孵化器式咖啡就是为创业者提供办公场所的费用仅仅只是一杯咖啡的钱，由此可以享受到很多办公条件。车库咖啡大约有 10 个常驻团队，之后，还会继续不定时地有新的团队加入。经过半年之后，它已经成功地促成了 12 个创业团队得到了天使投资。

经过努力，车库咖啡获得了相应的荣誉，在 2011 年成为了中关村国家自主创新示范区，拥有了创新型孵化器，2012 年的全球创业周中国站，获得了特色创业服务机构奖，2014 年成为了中关村优秀创业服务机构，2015 年受到了网信办邀请，作为国内唯一的孵化器代表参加了第八届中美互联网论坛等多项荣誉。

车库咖啡为初始创业的人提供了一站式投融资最全面的解决问题的方案，可以为项目方以最快的速度送达资金，辅导创业、对接资源、做宣传报道等的最诚挚的服务。不仅如此，它还可以为投资人找到适合自己的最好的项目，以此来推动各个阶段投资人的协作发展。以后，车库咖啡还要不断地创新发展模式，它会利用一切可以利用的资源与经验，将服务功能发挥得淋漓尽致，适宜各地的条件，发挥孵化器的优势。

8.10 洋葱胶囊

2011年11月10日，杭州的创客空间洋葱胶囊正式成立，这是第一个由国内艺术院校建立的创客空间。洋葱胶囊创客空间的英文名为OnionCapsule，由中国美术学院跨媒体艺术学院的学生创建。

创建者曲倩雯，是学院大三学生。她爱好广泛，喜欢机械，喜欢研究代码与很多古灵精怪的图形，她热爱音乐，喜欢展现自己的文艺，喜欢电音，经常会练书法等。所有这些爱好在她看来并不是独立存在的，曲倩雯会将它们紧密地联系在一起，由此为契机建立了洋葱胶囊创客空间，为那些与她一样有活跃思维的创客们搭建了一个平台，逐渐扩大范围进行相互之间的交流，激发更多的想法。

洋葱胶囊创客空间与其他创客空间相比尤为突出的就是她的艺术性，而与其他创客空间的相似之处就是要拼尽全力成为一个开放与友好的交流平台。想要将创客空间发展成为一个作品的发布平台，而非产品的发布平台。在工作坊制作成功的作品，会被定期放在洋葱胶囊创客空间的网站上，以此来让参与者们用创作艺术的态度去面对工作，而非是以跟踪的方式去发布。

洋葱胶囊创客空间成立之后的第一次活动就得到了新车间李大维与北京创客空间创始人之一肖文鹏的大力支持，并且还给予了力所能及的帮助。在专业人士的带领下，洋葱胶囊创客空间的成员合力完成了 TV-B-Gone 的套件焊接。

洋葱胶囊创客空间的工坊是成员们相互之间交流与学习的一种形式，比如说，Arduino&Ardublock 工作坊，其形式就是通过超轻黏土制作互动场景来详解 Arduino 和 Ardublock 平台。为了突出洋葱胶囊创客空间的活泼性，创客们想到了通过使用不同材料制造玩具的方法将 Ardublock 的开发环境、Arduino 软件的硬件系统与各种传感器的使用都详细地传递给每个参与者，用这样的方法可以让他们容易接受，以此来制作作品时也可以增加情趣，也可以增加自己的熟练程度。在洋葱胶囊创客空间里不仅仅有这些，成员还可以在这里任意发挥自己的想象力，创客们还可以展示自己的头脑风暴，可以开放多元的玩乐方式。这里无论学识深浅、年龄大小，大家在创作方面都很随性，相互之间相处都很融洽。

洋葱胶囊创客空间的创客们在音乐方面的成就也很突出，在杭州 CodeSpace 酷电空间的新年现场上，第一个发声的就是来自于洋葱胶囊的一位潜力者 VJBunny0.0.4，其与迷路手册的 Gelb 合作完成的节目，演出的效果令人震撼，受到了人们的欢迎。

在洋葱胶囊创客空间，只要是有梦想，拥有技术的人都可以参与到其中，大家可以一起动手，共同交流，运用自己的聪明才智相互吸取对方的优点，让每一个创客们都深信，技术与艺术是完美结合，也可以相互补充的。

8.11 天使汇

天使汇成立于2011年11月，由天津盛邦投资有限公司运营。它是我国国内第一家发布天使投资人众筹规则的平台。天使汇是中国起步最早、规模最大、融资最快的天使投资平台。其目的是可以发挥互联网的高效与透明优点，进而让创业者与天使投资人可以以最快的时间达到对接。

天使汇的网页经过了两个月的内部测试之后，经过5个月的打磨迭代发布了新版，用户纷纷进行体验，随之体验度获得了提升。为此，用户也提出了合理性建议，这时天使汇就根据用户的需求，进行了投资人与项目页面的改版升级，以适应大部分用户的要求。天使汇从上线开始，在一年的时间里，经过其平台完成了48个融资项目，而融资额达到了8000万元人民币。

截至2015年7月底，天使汇已经帮助了将近400个创业项目完成了融资，总额高达40亿元人民币。平台注册的创业者有14多万名，登记创业的项目大约有51000个，注册投资人为4800多名，认证投资人有2500多名，而全国各地与之合作的孵化器也有200多家。

天使汇具有自己的一套独特的运作流程，首先平台需要有投资人的入驻；第二步需要有创业者在线提交相关项目；第三步，需要天使汇的专业分析师团队来审核上述项目，审核通过之后进入下一项流程；

第四步，让投资人浏览项目，再由天使汇为投资人推荐适合他们的项目；第五步，上述流程顺利通过之后，再由创业者与投资人进行约谈，洽谈成功之后，进入下一流程；第六步，双方满意之后，创业者与投资人签约。

创业者与投资人之所以能认可天使汇，就因为它的价值所在，那么我们要知道，天使汇可以为创业者带来的好处是什么？

首先，天使汇可以进行融资前指导。天使汇平台会有自己的一支专业分析师团队，由他们提出建议，协助创业者发现自己的优势，进而很好地表达自己的优势，随之向他们提供商业计划书（BP）撰写、财务预测、融资谈判、估值模型等方面的指导。

然后，天使汇能够快速实现融资。天使汇会对入驻平台的国内外投资机构与投资人进行严格的考察，并且还要进行选择性邀请，需要专业而优秀的团队。他们了解投资人与创业者各自的需求，会精准地将恰当的项目推荐给合适的人。与此同时，天使汇还会定期举办“Startup Engine”创业沙龙与推荐项目参加各种场合活动。运用各种有效方法让创业者与投资人约谈，在此过程中尽其所能给予双方帮助，以让它们尽快实现融资。

其次，天使汇还要进行宣传推广。凡是通过天使汇审核的项目，都有机会得到 Tech2IPO 专项报道，运用这种方法可以让其快速走向市场，进而受到国际媒体的关注。

最后，还需进行后续融资。天使汇还要为初创企业继续提供融资方面的支持，其中包含有 A 轮与后续融资。

凡是注册在天使汇平台的创业项目，主要都集中在互联网与移动互联网领域，其中包含有电商、社交网络、游戏、企业服务、教育、O2O 与健康等门类。

8.12 南京创客空间

南京创客空间是一家民间科技公益组织，于2012年5月成立，由南京地区的一群软、硬件技术人员发起，属于一种民间科技交流平台。其中有核心人员数十人，成员专业方向涵盖的领域十分广泛，他们来自全国各地，从事工作涉及各行各业。

南京创客空间有基地工作室1间，成员个人工作室4处，成员涉及的领域包含有管理、机械制造、建筑、电力、计算机、艺术与经济等。它在相关组织者的带领下将第周三晚上与周六的下午设为开放日，大家有了自己的创意，就可以在这里分享，宣讲完自己的想法之后，可以相互交换新知，举办各种类型的专题讲座，活动时间由公告来公布。

关于南京创客空间的活动项目有创客文化进社区进企业、南京各大学创客文化推广演讲、南创公开课、南京地区创客极客类大赛。其开展了众多作品项目，包含有工业级无损探伤设备、四轴飞行器、公益型互联网慈善项目、电子鼓、老人监控系统、3D制鞋、与机器人室内定位技术研究等等。

南京创客中人才众多，其中也隐藏着顶尖人才，来到这里的会员完全公益，不用交会费。成员可以在这里免费享有工作场地与设备，他们可以在这里尽情发挥自己的创意，实现自己原有的想法。来到这里无论是顶尖人才，还是平凡的人，都是平等的，不会有身份与贫富的区别。但需要按照创客空间的制度办事，所谓无规矩不成方圆。

经过一年的努力，到 2013 年 5 月，成员人数达到 200 多人，当中人才众多，有在校的学生，有大学教授，有非常著名的专家，有资历深厚的工程师，还有一些艺术家，等等。

南京创客空间还组织一系列的主题讲座活动，成员在活动中制作了自己的作品，并在“雷锋网”全球创客马拉松与极客大赛中获得了对应的奖项，成员有了自己的想法就会集中进行交流，从一无所有到收获满满，从开始的申请专利到之后走向创业之路。

到 2015 年 5 月，南京创客空间的人数已达到 1300 多人，它与深圳柴火创客空间、上海新车间、武汉创客空间、北京创客空间等三十多个国内主要创客组织都有互动往来，并且与南京周边的高校合作也很愉快。中央部委与地方政府对此表示认可，给予大力支持，相关媒体也曾进行了报道。

未来南京创客空间的发展方向首先要致力于其口号“分享创意，兑现创意、团结合作、不断进取”，将会集中力量发展南京地区的民间科技力量与创新文化，将各行各业有志向的人才聚集在此，充分发挥可用资源的优势，实施各方面的鼓励措施，鼓励技术创新、鼓励发明创造、鼓励知识分享、鼓励研发实用型项目，以形成知识产权与专利。

8.13 京西创业公社

京西创业公社创立于2013年5月，其具有国资背景，属于一家创新型孵化器。它由京西创业投资基金与北京股权交易中心一同出资设立。北京市中关村石景山园区是京西创业公社的总部，同时向西城、中关村、朝阳、东城等地进行规模化拓展，背景周边区县也做了创业公社的拓展目标。

创业公社的董事长刘循序带领着一支年轻的队伍仅在两年的时间里就让这一孵化器由北京走向了天津与贵阳，发展迅速。创业公社通过了四大业务板块“办公空间＋公寓空间＋企业服务＋金融服务”，努力让自己成为创业生态运营商。创业公社具有自己独特的运营思路，其中拥有完整的创业服务体系，从而树立自己良好的品牌形象，这样就可以更好地吸引越来越多的优质创业企业加入团队中来。它与传统孵化器存在的不同之处的关键在于将人与空间、人与人、人与服务进行连接。在这里有一层共享式的空间，创业者们可以在这里进行交流，他们可以在这里一起接受培训、吃午饭、做活动等，通过在日常生活中的各种交流而相互熟悉。

京西创业公社刚开始运营时，就有创业者入驻进来，这位创业者是“85后”，在这个孵化器的协助下，开发了一个集成天涯论坛帖子的应用程序，同时获得了真格基金的300万元天使投资基金。经过半年的时间，又做了一款“直播贴”APP。

创业公社会入驻的团队持开放的态度，同时，不会为入驻着设立过多的门槛。因为受到了中关村管委会委托，它运营了优质的项目池，名为“雏鹰计划”，拥有了六十多家企业，累计获得的融资有 7.5 亿元。在 2014 年，创业公社已实现了盈利效果，为此，增值服务发展的速度也很快，预计在未来的几年内服务收入必定会超过办公租金的收入。创业公社还以优异的成绩孵化了许多科技型企业，同时也加快了自身的发展速度。2014 年的 12 月，它曾获得北京股权交易中心的战略投资，这次投资活动也是北京股权交易中心的第一次投资活动。之后又经过了西部优势资本、顺为资本、顺隆基金的联合投资，这便为创业公社带来了丰厚的创业资源。

不仅如此，创业公社之后还吸引了 200 多名高端而有才能的创业者，其中包含有海外归国者，他们拥有丰富的海外大型企业的工作经验。当中的腐化与服务企业有 165 项专利权，200 多项著作权，他们还拥有大量的专利已进入到了实审阶段。这位创业公社提供了雄厚的力量。

之后，创业公社还有三项任务需要完成，第一，面临继续拓展问题，它现在拥有 3 万平方米的使用地，但已处于饱和装填，急需要继续进行拓展；第二，需要在规定的时间内将企业推向四版市场，这是工作的重中之重；第三，需要帮助解决住所问题，这就需要做一个与 YOU+ 的创业者公寓类似的地方。

8.14 武汉光谷创客空间

武汉光谷创客空间为原武汉创客空间，由晏文临在2013年8月创立。武汉光谷创客空间属于武汉市第一家面向公众免费开放的创客空间，同样也是武汉本地创客相互分享、交流、学习与互助的创新创业服务平台。它由多家发起单位共同发起，发起单位为提供了场地、设备、资金与其他资源。

实质上，在2013年的8月之前已经开始了几次的筹备会，总共有七个积极人士发起，他们有的是从事创业服务的、有的是从事创新发明的、有的则是来自于国内知名开源硬件公司pcDuino，武汉创客空间是民间科技组织，由硬件开发者、发明人、极客、设计师与艺术师等组成。

武汉创客空间拥有MSUO平台，是由光谷创客空间与光谷创客联盟协力开发的创业项目，属于与中国制造业相关联的创客项目，总揽一站式服务，属于一所交易平台。这一平台可以深化对创客人才数据的挖掘，分别会建立创意、设计、研发与生产的各团队，以激发资本市场的活力。

武汉创客空间定位于民间组织，会通过举办各种公益科技类活动来进行科普活动，以此来让创客锻炼自己的动手能力与创新意识。聚集在这里创客也会相互交流，取长补短而一起制作东西，以达到将创意变成现实的目的。

最开始，武汉创客空间运营的时候会将每周三晚上与周六下午设为开放日，周三的时候会举行沙龙，还会举办各种专题讲座，关于主题，是由大家共同商议提出的。成员可以在这个时候说出自己的想法，提出存在的问题，分享自己刚刚了解到的新知识，启发他人的新思路。到周六下午时，人们就可以进行手动实践工作了，他们使用空间设备，一起合作来开发产品的项目。如果这时候还有其他需要的话，可以将开放的时间进行适宜的增加。

武汉光谷创客空间能够推动创客文化的发展，在这里，有创客公社，还有创客摇篮服务，创客可以透过技术兑现模式来获得报酬。武汉创客空间会在每周举办一次与创客有关的活动，这项活动会将大量的创客吸引到这里，同样也会受到他们的关注。其中活动的形式多种多样，有关于创新思维、关于动手、关于 3D 打印、关于前沿科技探讨、关于开源硬件等。活动也会在一些高等院校宣讲有关于科普之类的知识。在 2014 年的 5 月，创客空间曾联合雷锋网承办了两天两夜的全球创客马拉松武汉站活动。

武汉光谷创客空间已经完成了对全国三十多家创客空间进行深入调研，进而探究出了独特的“三大创客空间支持计划”“STEP 模式”与创业空间经营五字诀，经过长期不懈的努力，成了创客空间创立与可持续发展的宝贵经验积累，以此被誉为了创客空间的“武汉模式”。

8.15 腾讯创业基地

腾讯创业基地的正式启动时间为2013年11月15日，这是腾讯打造的第一个O2O创业平台，把线上扶持移植到了线下，从而进一步印证了腾讯开放平台，以此来打造中国互联网生态圈。

腾讯创业基地是腾讯开放平台为开发者量身打造的“一站式”创业帮扶计划，创业基地可以为开发者带来全程资源支持，如果发展有潜力的开发者，可以对其进行培养，以发挥这位开发者的潜力，同时，他们也会将支持略微凸显优势的精英作为工作的重点，最终达到让不同程度的创业者能够在腾讯开放平台认清与找到自己的方向，以免迷失。直至目前为止，腾讯的开放平台已开始在全国建立创业基地，这样，开发者们就可以就地取材，发挥自己的强项了。

目前为止，腾讯已在全国六大核心区建立了“腾讯创业基地”，并且全面铺开。除了在北京建立了自己的开发者基地之外，还在武汉、上海、海口等地建立了开发者基地，这便为开发者营造了良好的办公环境，也为其提供了关于创业基金等方面的各种扶持。

武汉创业基地是腾讯继北京、成都之后，建立的第三个创业基地，是在光谷创业咖啡举行的揭幕仪式，这对于武汉地区互联网的创业者，尤其是大学生开辟了一片新天地。腾讯武汉创业基地所提供的核心为信息，它将为武汉本地互联网开发者提供了真实场地，还拥有了测试中心、云加速实验室与平台体验中心。武汉创业基地还会在特定的时间里举办不同类型的技术交流和培训活动，创业者利用这一方式可以在市场上推广自己开发的产品，获得相应的支持，而互联网创业者又可以在这一平台得到良好的发展前景。而光谷咖啡又以一个武汉创业基地运营者的身份出现。

腾讯上海创业基地是由上海市徐汇人民政府和深圳市腾讯计算机系统有限公司在徐汇区政府签署的合作框架协议。它位于锦和商业运营管理的越界创意园，借助着腾讯与移动互联网平台，关注着可穿戴设备与数字娱乐等领域的创业企业，将上海作为中心城市而建设全国产业型孵化第一品牌，从而形成了产业孵化 3.0 模式为投资 + 孵化 + 产业资源。产业孵化基地的发起单位包含有腾讯开放平台、启创中国、锦和商业及上海创业人才联盟。腾讯创业基地的孵化空间是由越界创业园所提供，占地面积为 2500 平方米，这里，腾讯将为上海的创业团队提供丰富的资源，以帮助他们成长。

8.16 泥巴创客空间

泥巴创客空间是由西安的两名创客在2014年4月发起，7月开放的，是一个以创意、创新与创业为主题的开放式会员制社区。泥巴创客通过组织各种跨领域的交流与培训，还通过组织工作坊，让参与者完成从无到有的制作过程，做出酷而炫的作品。

泥巴创客空间的创始人之一王亚恒那个时候还是一家企业的高管，有着丰厚的收入，但为了得到他理想中想要的东西而义无反顾地选择了泥巴创客空间。但开始它刚创立时情况并不容乐观。当时泥巴创客空间实行的是会员制，在半年的时间里为会员提供的是免费服务，不收取任何费用，所以资金方面还是较为紧缺的。再加上当时其发展尚未成熟，没有任何外部资金投入进来，需要他与他的合作伙伴将资金投入到内部的运营中来。

经过他们的不懈努力，终于在2015年成功地融资了，这时候的泥巴创客空间才真正走上了正轨，自此之后，泥巴创客也开始蒸蒸日上了。这时候的王亚恒才正式地辞去了自己原来的工作，将注意力全部集中在泥巴创客空间上来。

到现在，泥巴创客空间已经成了西安最活跃的创客与创业活动空间了，在空间里有五个活动场所，其中还有一些小型的加工设备，例如：3D打印机、激光切割机等。在每周还会有2～3次的活动，如交流、讲座、实物拆解等，每个月的时候还会有一次“idea to action”活动。每年的时候，泥巴创客空间会与深圳创新谷都会联合举办创业周末的活动，还会与西安 988 电台进行合作，直播一档与创客相关的节目，还会不定期举行羊驼集中营、硬件拉力赛等相关活动，每年组织的各种类型的活动有 200 多次。

现今，泥巴创客空间的非正式会员达到了 2000 多人，正式会员也有 100 多人了，还有一些白天会在泥巴空间常驻的会员。这些会员中包括一些有想法的年轻人与学生，还有一些技术大咖与各行各业的专家。随着泥巴创客空间不断增加的需求，会有相应的资源、仪器与工具供应，目的就是将这一创客空间发展成为可以帮助会员将创意变成作品的功能齐全的微型创作中心，以此尽最大的努力让会员的作品转为产品化。

由此可见，泥巴创客空间主要做的是互联网、硬件技术与文化创意类的项目，它当中的会员又来自于各领域，技能过硬、兴趣高远、资源丰富，这就极大地提升了泥巴创客空间的活跃程度，伴随着活动与交流的深入，这一创客空间一定会发展成为理想的社交平台。

8.17 北大创业孵化营

北大创业孵化营位于北大科技园南区，在2014年10月底开始揭晓，其开始建立的目的是北大科技园研究新形势下的国家级大学科技园发展最新模式而通过实践的载体，集中性的工作就是创新型孵化器的建设。

北大创业孵化营第一次开营时间是2014年12月，这时它已进入了第三期的工作。它实质上是由北大孵化器联合北大·清华TMT校友创投联盟联合运营。将世界各地的创业精英都集中在这里，以此来打造京城独一无二的最优秀的众创空间。它以北大为品牌，将全球最新科技与顶尖人才聚集在此，还将国际孵化资源汇集在这里，以此来塑造一个最佳的创业生态环境。

北大创业孵化营与市场同类相比校园氛围浓烈，少了商业气。营中三十多个团队、投资机构、孵化营导师，再加上科技园的创新服务团队，产生了一种良好的“创业社交”文化气息。

来到这里的人首先要通过层层筛选才能获得种子或者天使投资。这里有优秀的导师为拥有机会的人才进行一对一的培训。通过对他们的深入了解而为其定制系统化服务体系。北大创业孵化营拥有最全面的资源可以协同参与孵化。入驻到这里的创业者可以享有在中关村创新核心区免费提供的办公场所，受到数十家风投机构的关注，让创业者在创业道路上精益求精。

北大创业孵化营在第一期的项目中就做出了突出的成绩，为“大牛”提供了高效对接。入驻北大创业孵化营的“易快报”在孵化期间获得了由明势资本与极客帮和投的 1300 万元人民币 Pre-A 轮融资。在其产品未上线之前已达成了该领域融资额的最高纪录，而且其后又完成了两轮的融资，估值可达 1 个亿。实质上，在进入北大创业孵化营之前，“易快报”创始人就已经开始对这个项目进行了筹备。进入了北大创业孵化营之后，不仅获得了很多方面的创业咨询，而且值得庆幸的是，他们还获得了创业的强大团队。

北大创业孵化营深藏不露，有很多曾经在业界叱咤风云的大咖隐藏在此。不仅如此，在孵化营还有很多的创业者专业背景深厚，功底扎实。为了扩大创业者们的交友范围，北大创业营还与四所国内顶级院校合作，共同开展了“创享 +”加速计划，北大、清华、北航、北邮、北科大的创业者们可以加入到这个加速计划中，进而获得更多的创业服务，同时，这里还举办了创业大赛，这些创业者们可以在这里进行交流，互相切磋。

北大创业孵化营的核心竞争力就是人才，为了吸引更多的人才，其正在竭尽全力将每项服务都标准化，而且还培养了一个强大而优秀的专业团队。对于每个出营的人才，北大科技园会依托各地分院项目为他们提供全国范围内的落地服务。同时，他们还享有北大创业家俱乐部长期的会员服务。

8.18 优客工场

优客工场的成立时间为2015年4月，主要创始人毛大庆与创新工场、真格基金、红杉资本中国基金、亿润投资、歌斐资产、中投汉富等国内多位知名企业家在内的40余家投资人再加上社会资本共同投资。

优客工场产品的概念就是众多创业、小微企业在一个完全敞开的环境当中共同享有办公空间，其中包含有会议室、共享式前台、私密电话间、网络、开放讨论区等，对用户来说非常方便，可以直接拎包入驻；与此同时，还配备了差异化的超值办公共享服务，其中包含有云服务、医疗、产品销售、人事、社保、政府政策、法务等等。企业也可以选择开放式工位，或者也可以有自己独立的办公室，租期十分的灵活。

优客工场拥有精美的配套设施，它为创业者提供的每间办公室当中的设计风格都与周围的商业属性与自身的建筑风格有所区别。其中的设计给人焕然一新的感觉，有健身房、游戏室、咖啡吧、会议室、保健室、报告厅、电影放映厅等。优客工场中的设备应有尽有，只要客户提出需求，其就能为客户解决相应的问题。

由此可见，优客工场属于综合性的创业服务平台，创业者可以在这里享受自己想要的空间、服务于社交条件。当今人们的观念逐步转变为了“新型工作方式”，而创客工场正适应这一观念，一些创业者、企业家和社区联合资源可以通过创客工场方便工作。

直至目前为止，优客工场共有五轮融资，依次为 A 轮融资、A+ 轮融资、Pre-B 轮融资、B 轮融资、Pre-C 轮融资。

目前，很多企业都涌入了优客工场，还有一些知名的企业也派遣自己的机构入驻其中，这样可以培养自己员工的创新精神，相互之间也可以协同合作，还可以拥有更加广泛的人脉，从而来满足商业社交的需求，最终促进中小企业的成长，拥有拓展实力的条件。

8.19 广东文投创工场

广东文投创工场成立于 2015 年 8 月 11 日，是广东省委宣传部旗下的一家文化与科技相结合的创新创业孵化基地。包含有瑞安广州中心孵化基地、星光映景孵化基地、中山创工场孵化基地等大约为 10 万平方米的孵化空间。

广东文投创工场的公司全称为广东文投创工场投资管理有限公司，位于广州市越秀区水荫路 119 号星光映景 A 中心 15 ~ 16 楼，是由创始人柳家平带领他的团队创立的孵化基地，以创业、创新、创意为宗旨，以投资、孵化、传播为核心，从各个方面为创业者提供创业服务。

创工场工作集中于移动互联网与文化产业新业态的研究与投资上，在投资阶段，包括有天使投资与风险投资阶段，团队的经验丰富，管理能力极强，配备有5亿基金规模，选择了优质企业股权项目的自由资金投资、资金募捐、联合机构投资与投融资服务。创工场有影响力较深的媒体资源，因其有国内3000多家纸媒、新媒体资源与电视台做后盾，所以推出了中小微企业媒体传播方案，为爱康国宾、绿地集团等多家创业企业提供了品牌宣传服务。它还拥有一站式的孵化服务，为入孵企业提供了全面的入孵管理服务，同时也对第三方合作入伍机构进行管理协调。建立了入孵企业自主管理委员会，适时开展了入孵企业座谈交流和文娱活动，以激起孵化器的一种文化氛围。不仅如此，而且还为创业者们营造了良好的办公环境，投资者也可以在办公区域内享受到舒适的服务。创工场还拥有广阔的物理布局、优质的孵化服务。

广东文投创工场自成立起就受到了省、市、区各级政府的关注，获得了他们的支持，目前为止获得的荣誉有国家级众创空间、2015年广州市优秀众创空间、广州市创新（孵化）示范基地等；在全球领先的移动互联网第三方数据挖掘和整合营销机构艾媒数聚发布的《2016年中国孵化器市场发展状况》中被评为了2016中国创新型孵化器30强；2017年时获得了2017年“思享越秀”创业服务活动的承办权与“越青杯”2017年越秀区青年创新创业大赛，竭力营造一个良好的创新创业环境，让创业青年更好地融入其中，为10万多名创业者提供线上、线下创业辅导服务；在2017年的iiMedia Research权威发布《2016年中国众创空间综合竞争力排行榜》中被评为2016年中国众创空间综合竞争力排行榜第19名、广州区域第1名。上述广州文投创工场所做出的成绩证明了其在三年内所付出的努力卓有成效。

广东文投创工场集中建设一个开放、统一、高效的资源整合平台，为此做出了各方面的努力，积极促进了创业企业顺利向前发展，这便为广东文化科技产业发展提供了强大的力量。

8.20 内蒙古聚咖啡众创空间

聚咖啡众创空间成立于 2015 年 6 月 23 日，全称为内蒙古聚咖啡文化传播有限公司，注册资本金为 500 万。聚咖啡是内蒙古首家以创新创业为主题的孵化平台，内蒙古自治区科技厅 2016 年 5 月 9 日公示为内蒙古自治区级众创空间，2016 年 10 月 10 日在国家科技部备案，2016 年 12 月 23 日在内蒙古股权交易市场四板挂牌。

聚咖啡众创空间由本土企业家、创业者、投资人组成人脉圈，其功能包括俱乐部、企划咨询、会议活动、政策解读、项目申报、企业公关、天使投资和孵化空间等，同时也是一家公司化运营组织创设的一个咖啡馆形式的创业孵化平台。聚咖啡众创空间为创企业提供一站式投融资综合解决方案，帮助项目方融资，并配套有创业辅导、资源对接、宣传等增值服务。并帮助投资人快速发现好项目，推动多层次的投资人群体协作发展。

平台组建了聚咖啡专家智库及聚咖啡创业项目辅导专家团，相关专家均为各专业领域资深专家，确保能够为各领域创业团队提供行业线上线下专项指导。为创客、投资者提供有机的对接空间。聚咖啡众创空间现拥有 4 位全职全国认证的创新创业导师，他们的核心价值在于辅助创新创业服务能力的赋能，切实有效地帮助创新创业企业快速成长。创业导师能持续地帮助创业者解决面临的实际难题，为创业者排忧解难，而且不局限于一两次的短暂接触，而是能“一路相伴”提供长期性的策略和辅助支持。

关于聚咖啡《内蒙古创客智库》：由政、商、学界人士发起的民间思想库，是独立性、民间性、中立性的第三方机构，是专业从事创新创业学科研究和创新创业教育的民间学术团体。聚咖啡创客智库致力于深入总结创新创业实践经验，探索创新创业活动内在规律，研发创新创业教育体系，普及创新创业实战知识，提高国民创新创业能力，促进创新创业活动开展。聚咖啡《内蒙古创客智库》现已加入来自于全国各地的高校、研究机构、上市企业高级管理人员等各界专家60余位，其中辅导专家有罗文、孟繁森、王友年等人，如今的专家团队正在扩大规模、团队在不断完善当中。

聚咖啡众创空间位于呼和浩特市新城区呼和浩特市海拉尔东街与科尔沁北路交汇处的创业社区，隶属新城区创新创业服务中心。目前聚咖啡众创空间场地面积322平方米，分上下两层，场地功能依据楼层自然区分。场地功能区包含：开放式办公区、会议区、孵化项目办公区、沙龙活动洽谈区及休闲区等。场地配备有完善的办公实施，全套视频会议系统，也包括基础餐饮服务及相关水、电、网络的设施配套。聚咖啡众创空间场地面积中的85%都作为公共区域留给创业者使用，平台也通过灵活的划分方式保证将有限的场地空间进行充分利用。

聚咖啡众创空间主营的业务有：科技成果转化服务、项目诊断分析服务、项目申报指导、投融资对接服务、银行服务对接、工商注册代理对接、纳税申报代理对接、法务咨询指导对接、设计咨询对接、知识产权申请对接、人力资源服务、媒体宣传、科技展示、营销策划、政策申报咨询、线下培训、线上服务、沙龙分享、项目路演和孵化空间等。在项目孵化支持方面，我们在研发探索微股权孵化方式和低成本一站式孵化方式。同时，创新孵化器结合“互联网+”的需要创新打造聚咖啡孵化器云服务平台。

聚咖啡众创空间从 2016 年 7 月至 2016 年的 12 月间，围绕创新创业组织的相关活动为主要内容：政策扶持大讲堂、项目路演、财富论坛创业指导公开课、商务社交礼仪公开课、政策解读指导研修班、创新创业类大赛等活动、聚咖啡孵化项目集体内蒙古股权交易中心挂牌、内蒙古知识产权培训活动等。为本项目的实施奠定了良好的基础。

聚咖啡众创空间总结经验、开拓新思路，围绕创新创业组织开展有战略、有思想、有特色的创新创业辅导工程，为“聚精汇神、创动未来”、创新创业事业奉献智慧与行动，具体如下：

（1）开拓“聚咖啡品牌常规系列活动”，带动创业新风尚。开展“BP 商业计划书指导日”“创业导师辅导日”“投资人对接日”“创客沙龙”等常规活动，解决创新创业基本需求，带动创新创业新风尚。

（2）开展聚咖啡多样式特色活动，提升创新创业氛围。积极开展聚咖啡众创空间项目路演、聚咖啡众创空间众筹沙龙、财富论坛创业指导公开课、商务社交礼仪公开课、政策解读指导研修班等特色活动；更有很多创业孵化活动及各类合作机构联合组织的活动。

2017 年投入 475 万元，申请扶持资金 190 万元，自筹资金 285 万元。2017 年资金主要用途为：

（1）场地功能区建设，包括：开放式办公区、会议区、孵化项目办公区、沙龙洽谈区及休闲活动区等。

（2）创业者使用的公共区域办公设备，包括：基础餐饮服务及相关水、电、网络的设施配套。

（3）办公消耗品的购置。

（4）辅导企业的专家老师及相关工作人员的薪资。

（5）为了更好地服务于企业，我空间会不定期组织相关业务人员参加国内外专业的培训，因此产生的相关费用。

（6）路演的场地、邀请评委老师、茶水等相关费用。

（7）企业辅导、挂牌上市、聘请专家的费用。

聚咖啡众创空间是内蒙古自治区众创空间联盟发起单位，内蒙古自治区众创空间试点单位，中华人民共和国科学技术部第三批众创空间备案单位，2016 年在内蒙古股权交易市场四板挂牌，2017 年度内蒙古自治区技术转移示范机构培育对象。

聚咖啡未来将不断地创新发展模式，打破传统物理空间限制，通过建立并推行孵化体系标准、孵化服务标准，实现聚咖啡跨区域孵化网络体系，进一步强化在项目孵化和成果转化方面的区域支撑能力。

附　录

附录 1. 聚咖啡众创空间经验分享

聚咖啡众创空间是通过市场化机制、专业化服务和资本化途径构建的低成本、便利化、全要素、开放式的新型创新创业项目综合创业服务平台。在内蒙古自治区科学技术厅的领导下，聚咖啡众创空间正在对科技创新方面进行专项孵化研究，力争完善形成一套成熟的科创类众创空间孵化服务模式，并在内蒙古地区进行模式推广和有效实践。

聚咖啡众创空间的定位与特色

打造开放共享式的创新创业生态服务平台。为创客及中小微创企业提供工作空间、网络空间、社交空间和资源共享空间。

运营团队首创“五维定向创新”理论，创造精准创新服务工具；通过“创新、再创新、集成创新”这三个层次的系统创新服务活动，解决创新主体“创新难定向、产品难定型、商品难定位、品牌难落地”四难需求痛点。

聚咖啡众创空间从实践探索出的“五维定向生态圈闭合科创孵化模式”包括：帮助项目定位独特民族历史文化传承基因的“历史文化维度”；帮助项目基于创客特质并寻找基于地缘优势而进行定位的“企

业资源维度”；基于行业现状、市场预期及技术趋势等因素整合的“项目趋势维度”；着眼于宏观及微观政策指导方向的“国家政策维度”；以及着力于构建科技成果核心竞争力，进行知识产权战略规划的“知识产权维度”。

创新——是系统创新的第一层内容，针对没有技术成果的创客及企业而提供的科技创新服务，是创意在产品技术或工艺技术层面向商业化实现的首次转化。按“五维定向创新”法，在产品或工艺层面为技术成果构建不可复制的独特基因，铸造不易超越的技术壁垒，确立技术成果的禀赋优势。

再创新——是系统创新的第二层内容，针对已有技术成果（类实验室技术）进行必要的完善提升的再创造过程，按“五维定向创新”法重新为创新定向、为产品定型、为商品定位，以在产品或工艺层面使技术成果与市场客观需求达至精准匹配，使未经市场检验的类实验室技术成为成熟的科技成果，借以重构技术成果叠加优势。

集成创新——是系统创新的第三层内容，以成熟的科技成果为基础，聚合创新要素资源，创新技术系统、服务系统、资源系统、平台系统，构筑创新微生态环境，通过外挂智库和贴身孵化两种服务方式，对创新力、决策力、执行力、盈利力等企业竞争力全要素进行创造性提升，解决技术资源与实际应用之间的脱节问题，实现企业产品开发环境与市场用户信息之间的相互匹配，经过各要素交叉递进的动态进化过程，有效实现科技成果的市场化转化，实现品牌落地，提升综合竞争力。

聚咖啡众创空间的服务功能

创新方法培训、创意提纯定向、科技研发辅导、技术交易服务、知识产权服务、科技成果转化对接、集成创新孵化、科创金融服务、创新品牌推介、投融资对接、项目路演活动、论坛沙龙活动、项目企划咨询、知识产权申请、创业指导培训、创客线上服务和线下联合办公空间等。

聚咖啡众创空间活动

内蒙古企业政策扶持大讲堂、聚咖啡众创空间项目路演、聚咖啡众创空间众筹沙龙、财富论坛创业指导公开课、商务社交礼仪公开课、政策解读指导研修班等。

聚咖啡与各类机构联合组织的活动

北京车库咖啡联合路演、内蒙古大学艺术学院校企联合路演、第四届中国创新创业大赛、第五届中国创新创业大赛、内蒙古第二届创青春青年创业创新大赛、内蒙古第三届创青春青年创业创新大赛、英特尔新科技路演、互联网大篷车呼和浩特站创业公益公开课等。并于 2017 年承办了“首届中国呼和浩特市创新创业创意大赛”。

聚咖啡众创空间通过一年时间的摸索，形成了一套完整的孵化服务管理制度和项目评定体系。聚咖啡众创空间现已与北京车库咖啡众创空间、北京拓荒族咖啡众创空间、内蒙古安答驿站众创空间、乌镇 CIFC 创客空间、清控科创孵化器及上海复旦科技园等结成众创空间合作联盟，将孵化优秀项目推荐给优质投资团队和商业机构，同时也与区内各大院校及科研院所进行科研成果与孵化创新项目结合转换服务。平台会根据孵化项目所在阶段对其进行相应的投融资对接和路演推介。聚咖啡众创空间与内蒙古股权交易中心战略合作，成功为 30 余家孵化企业在内蒙古股权交易市场挂牌。

聚咖啡众创空间是内蒙古自治区众创空间联盟发起单位，内蒙古自治区众创空间试点单位，中华人民共和国科学技术部第三批众创空间备案单位，2016 年在内蒙古股权交易市场四板挂牌，2017 年度内蒙古自治区技术转移示范机构培育对象。

聚咖啡未来将不断地创新发展模式，打破传统物理空间限制，通过建立并推行孵化体系标准、孵化服务标准，实现聚咖啡跨区域孵化网络体系，进一步在项目孵化和成果转化方面的区域支撑能力。

附录 2. 聚咖啡七大创客服务

项目管理

好项目从来都是争夺的焦点，但是信息不对称使得项目方与孵化方的互相选择异常困难。通过聚咖啡的系统服务，可以高效地实现项目方与孵化方之间的精准匹配。还可以对现有入驻项目进行信息化管理，创业项目的各种资料一目了然。

导师管理

创业导师是创业项目的智囊团，有了创业导师的帮助，创业者可以少走弯路，大大降低了学习成本。聚咖啡众创空间定期推送与本地项目需求精准匹配的各类型创业导师，让创业者和导师实现合作双赢。

创新管理

创新管理以组织结构和体制上的创新为基础，确保整个组织采用新技术、新设备、新物质、新方法成为可能。聚咖啡将通过决策、计划、指挥、组织、激励、控制等管理职能活动和组合，为社会提供新产品和服务。管理的创新是社会组织为达到科技进步的目的，适应外部环境和内部条件的发展变化而实施的管理活动。

政策管理

政策是创业者的及时雨。目前很多创业者不了解政策，不知道如何申请政策。通过此聚咖啡众创空间可以及时发布最新本地化创业政策，并打通相应的申请通道，让创业者真正享受到政策的扶持和帮助。

投资机构管理

通过聚咖啡众创空间平台可以快速发布各种本地化创业新闻、创业活动等资讯，作为一个传播的阵地和窗口，让创业者及时了解各种信息。

服务机构管理

服务机构是创业项目的必要帮手，通过提供第三方专业服务，把创业项目非核心或者非专业的人事、财务、法务、行政、品牌策划等工作承下来，让创业项目只聚焦在最为核心的商业模式和企业运营层面，大大提高创业效率。通过聚咖啡众创空间的平台，可以精准的导入各种优秀的第三方服务机构并实现精准匹配，还可以对各合作服务机构进行信息化的管理，提高效率。

资讯管理

通过聚咖啡众创空间平台可以快速发布各种本地化创业新闻、创业活动等资讯，作为一个传播的阵地和窗口，让创业者及时了解各种信息。

附录 3. 众创空间（联合办公）服务标准

前 言

为贯彻落实《国务院办公厅关于发展众创空间推进大众创新创业的指导意见》（国办发〔2015〕9 号）、《国务院办公厅关于加快众创空间发展服务实体经济转型升级的指导意见（国办发〔2016〕7 号），为规范众创空间（联合办公）健康发展，提升专业服务能力，制定本服务标准。

本标准由科学技术部火炬高技术产业开发中心指导，本标准起草单位：

优客工场（北京）创业投资有限公司

北京创业公社投资发展有限公司

成都侠客岛信息科技有限公司

合作共创（北京）办公服务有限公司

洪泰创新空间（北京）创业投资有限公司

氪空间（北京）信息技术有限公司

纳什空间创业科技（北京）有限公司

上海方糖创业服务有限公司

上海摩林网络科技有限公司

上海帷迦科技有限公司

深圳市微度联创社科技有限公司

本标准主要起草人：

毛大庆、卢永锋、张鹏、关心、齐磊、王伟、纪新宇、陈晴、孙启新、颜振军、陈思慧、朱福全、刘岩、于智超、刘循序、王宏波、万柳朔、王胜江、钟澍、张剑、万里江、郑健灵、刘彦檠、蒋凌广

引 言

为提升众创空间（联合办公）专业服务水平、加快发展众创空间（联合办公）等新型创业服务平台，营造良好的创新创业生态环境，激发亿万群众创造活力，打造经济发展新引擎，满足大众创业、万众创新的强烈需求与实现众创空间（联合办公）供给侧效率的匹配，全面落实《科技部关于发展众创空间工作指引》（国科发火〔2015〕297 号）和《科技部火炬中心关于众创空间服务规范》的通知。制定本标准，有助于促进众创空间（联合办公）服务规范行为，为众创空间（联合办公）事业健康持续发展提供平台支撑。

本标准版权由优客工场（北京）创业投资有限公司拥有。

（1）范围

本标准适用于采用共享经济理念发展的众创空间（联合办公）。

（2）规范性引用文件

下列文件对于本文件的应用是必不可少的。凡是注日期的引用文件，仅所注日期的版本适用于本文件。凡是不注日期的引用文件，其最新版本（包括所有的修改单）适用于本文件。

《国务院办公厅关于发展众创空间推进大众创新创业的指导意见》国办发〔2015〕09号

《国务院办公厅关于加快众创空间发展服务实体经济转型升级的指导意见国办发〔2016〕7号

《科技部关于发展众创空间工作指引》国科发火〔2015〕297号

《科技部火炬中心众创空间服务规范》试行

GB/T 18883 室内空气质量标准

GB/T 24421 服务业组织标准化工作指南

GB/T 10001 公共信息图形标准

GB/T 31592-2015 消防安全工程

GB 50763-2012 无障碍设计规范

（3）术语、定义

（3.1）众创空间

众创空间是指为满足大众创新创业需求，提供工作空间、网络空间、社交空间和资源共享空间，积极利用众筹、众扶、众包等新手段，以社会化、专业化、市场化、网络化为服务特色，实现低成本、便利化、全要素、开放式运营的创新创业平台。

（3.2）众创空间（联合办公）

众创空间（联合办公）是一种通过完善创新创业要素配置，共享办公配套设施与服务，提高创业的便利性，降低创业者创业成本，使其专注于核心业务发展的新型服务平台。

联合办公特点体现在灵活性、互动性、共享性及高效率等方面。其为创业者提供舒适便捷、高效对接、功能齐备的综合办公空间，具备分布网点多、技术支撑强、配套服务齐、服务项目全等优势，支撑创业者在空间内享受孵化及产业加速等服务项目，促进企业加速成长。

（4）运营主体条件

（4.1）具有注册登记的法人资格证书（含工商、税务等配套证件齐全）。

（4.2）具有完善的基础设施、运营团队、运营机制及开展创新创业相配匹的活动能力。

（5）经营场地条件

众创空间（联合办公）经营场地以下简称场地，布局要求合理，便于创业者在场地内正常开展业务。

（5.1）场地环境涉及内容应符合国家标准 GB/T 18883（室内空气质量标准）、GB/T 24421（服务业组织标准化工作指南）、GB/T 10001（公共信息图形标准、（GB/T 31592–2015）消防安全工程、GB 50763–2012（无障碍设计规范）等规定要求。

（5.2）提供办公场地。

（5.3）提供公共服务场地。包括公共接待区、项目展示区、会议室、休闲活动区、专业设备区等配套服务场地。

（5.4）提供免费或低成本的互联网接入及网络办公等服务。

（5.5）提供共享办公设施等基础办公条件。

（5.6）提供采暖制冷设备且保障各区域正常供给。

（5.7）提供分设男、女卫生间，设备齐全、洁净卫生。

（5.8）提供前厅接待和值班服务台。

（5.9）提供网络互动平台。

（5.10）配备消防器材。按规定设置消防指示标志且保持畅通。

（5.11）场地设施设备及用品用具应符合国家和地方规定要求。

（5.12）配备新风系统且保证运行正常。

（6）服务团队

（6.1）管理人员

负责众创空间（联合办公）的日常运营管理，组织创业资源，具备创业辅导师或创业导师服务能力，熟悉创业和企业管理、具备一定专业背景。

（6.2）辅导老师

作为服务团队的专职成员，接受过创业辅导师专业培训，具备为创业者提供孵化服务的能力，协调创业资源，帮助创业者解决创业过程中遇到的问题。

（6.3）服务人员

承担行政、人事、出纳、技术支持等岗位职责的人员。

（6.4）创业导师

聘请天使投资人、企业家、成功创业者、技术专家、行业专家等担任创业导师，形成专业化导师队伍。

（7）运营管理机制

（7.1）入驻：制订入驻条件、收费标准及入驻服务流程，建立项目征集与筛选管理流程。

（7.2）孵化：配备专职专业人员，制订孵化服务流程、建立共享资源管理、设施设备和过程文档管理规范，并建立服务质量标准。

（7.3）毕业：对获得天使或风险机构投资、业务成长迅速、合并或被收购的企业，制订毕业管理机制，推荐其进入科技企业孵化器或加速器继续孵化。

（7.4）退出：对入驻的创业者应明确退出条件，通过设置退出条件提高公共资源的经济效益或社会效益。

（7.5）跟踪：对离开众创空间继续发展的毕业企业，保持沟通联系，了解其发展经营动态，持续关注且帮助企业发展。

（8）服务项目

（8.1）注册代理：为创业者提供公司注册等工商事务咨询及代理服务。

（8.2）政策对接：为创业者提供政策咨询，项目申报等对接服务。

（8.3）联网办公：为创业者提供互联网接入及网络办公等服务。

（8.4）场地提供：为创业者提供办公场地、共享空间和共享办公设备。

（8.5）创业沙龙：以创业信息、创业经验、创业资源、项目预路演等为主题的创业交流活动。

（8.6）商业计划：帮助创业者编写、完善用于投融资或项目演示的商业计划书。

（8.7）风投对接：帮助创业者对接风投机构及天使投资人，并提供洽谈经验和技巧等方面的辅导。

（8.8）项目路演：组织项目路演，并为创业者提供相关经验和技巧的辅导。

（8.9）众筹服务：以团购、预购、多方投资等形式，通过平台服务，为创意项目产品、创业公司股权等向社会大众筹资。

（8.10）自主投资：以自有资金对创业项目进行股权投资。

（8.11）财务咨询：帮助创业者进行运营财务分析及提供建议。

（8.12）战略咨询：帮助创业者分析和选择项目发展方向。

（8.13）市场渠道：帮助创业者对接销售管理方面的专家和行业市场资源。

（8.14）人力资源：为创业者提供人力资源咨询服务，应对公司运营架构、人员绩效体系、人员招聘、本地人力资源政策等问题。

（8.15）创业培训：为创业者提供创业知识、创业经验、创业技能、创业政策等方面的培训。

（8.16）市场调研：为创业项目提供市场调研经验或协助开展调研服务。

（8.17）网络推广：为创业者提供互联网自媒体服务或资源对接。

（8.18）展会服务：帮助创业者参加与其相关的行业展销会、博览会等的登记、申报服务。

（8.19）法务咨询：与创业相关的法律咨询服务。

（8.20）知识产权：为创业者进行知识产权信息、战略、代理等服务。

（8.21）财税服务：为创业企业进行会计记账与税务申报服务。

（8.22）媒体合作：为创业者提供所需的电视、报纸、杂志、网络、广告设计等资源对接服务。

（8.23）众包服务：为需要外部资源协作完成的工作项目，提供开放式的外部资源及合作模式的平台服务。

（8.24）物业服务：为创业者提供保洁、保安、公共设备维护、水电气热等保障服务。

（8.25）其他服务：创业者所需其他方面的服务。

（9）特色服务

（9.1）共享互动平台：为创业者提供多种形式不同类型的社群互动

交流平台。

（9.2）创业商学院：为创业企业培养企业发展过程中所需要的适用人才。

（9.3）商旅配套：为创业者提供食宿、交通、商务会谈、分时工作、移动办公、商务助理、翻译、项目小组办公等服务。

（9.4）共享书吧：为创业者提供不同层面、渠道的各类知识书籍。

（9.5）睡眠仓：为创业者提供短时休息场所，提高工作效率。

（9.6）共享电话亭：为创业者提供私密信息交流平台。

（9.7）无人超市：为创业者提供便捷、高效购物场地，营造创业者诚信理念。

（9.8）依据共享经济理念，根据创业者需求，为创业者提供其他类型的众创空间（联合办公）服务模式。

附录 4. 众创空间服务规范（试行）

为贯彻落实《国务院关于大力推进大众创业万众创新若干政策措施的意见》（国发〔2015〕32 号）、国务院办公厅《关于发展众创空间推进大众创新创业的指导意见》（国办发〔2015〕09 号），以及《国务院办公厅关于加快众创空间发展服务实体经济转型升级的指导意见》（国办发〔2016〕7 号），引导众创空间规范化发展，提升专业服务能力，制定本服务规范。

第一条 定义

本服务规范中“众创空间”是指为满足大众创新创业需求，为创业者提供工作空间、网络空间、社交空间和资源共享空间，积极利用众筹、众扶、众包等新手段，以社会化、专业化、市场化、网络化为服务特色，实现低成本、便利化、全要素、开放式运营的创新创业平台。

第二条 服务对象

众创空间主要服务于大众创新创业者，其中主要包括以技术创新、商业模式创新为特征的创业团队、初创公司或从事软件开发、硬件研发、创意设计的创客群体及其他群体。

第三条 运营主体

众创空间的发起者和运营者，需具备运营管理和专业服务能力，可为法人或其他社会组织，亦可为依托上述组织成立的相对独立的机构。

第四条 主要功能

众创空间应具备以下功能：

（一）创业辅导：以产业经验和专业知识为基础，为创业团队及初创公司定量配置专职创业辅导师，或专兼职创业导师等。通过专业辅导、培训、咨询顾问服务，帮助创业团队或初创公司共同解决创业问题。

（二）投资融资：以自有资金、合作资金提供直接投资并开展融资服务，支持创业团队及初创公司发展。

（三）资源对接：集成技术、市场、媒体、政府及专业服务等创新创业者所需的外部资源，并提供对接服务。

（四）氛围营造：通过项目路演、宣传推介、创业沙龙、创新创业大赛等活动，形成创业者的有机集聚，培育创新创业文化。

第五条　服务内容

众创空间主要提供以下服务：

（一）基础服务

1. 场地提供：为创业者提供办公场地、共享空间和共享办公设备。

2. 联网办公：为创业者提供互联网接入及网络办公等服务。

3. 注册代理：为创业者提供公司注册等工商事务咨询及代理服务。

4. 财税服务：为创业企业进行会计记账与税务申报服务。

5. 项目跟进：跟踪创业项目进度，及时发现并反馈创业中存在的问题。

6. 政策对接：为创业者提供政策咨询、项目申报等对接服务。

7. 创业沙龙：开展以创业信息、创业经验、创业资源、项目路演等为主题的创业交流活动。

8. 物业服务：为创业者提供保洁、保安、公共设备维护、水电气热等保障服务。

（二）辅导服务

9. 创业培训：创业知识、创业经验、创业技能、创业政策等方面的培训。

10. 误区识别：帮助创业者认识创业初期所容易遇到的共性问题。

11. 模式设计：帮助创业者分析和优化创业项目的商业模式。

12. 市场定位：帮助创业者进行创业项目的市场需求及市场定位合理性分析。

13. 商业策划：帮助创业者编写、完善用于投融资或项目演示的商业计划书。

14. 财务预测：帮助创业者对创业项目未来的财务收支进行预测。

15. 团队沟通：改善创业团队内部的沟通方法、提高沟通效率。

16. 文案优化：帮助创业者优化商业推广资料等相关文案。

（三）投融资服务

17. 自主投资：以自有资金对创业项目进行股权投资。

18. 风投对接：帮助创业者对接风投机构及天使投资人，并提供洽谈经验和技巧等方面的辅导。

19. 银企对接：帮助创业者对接银行、小贷等金融机构。

20. 众筹服务：以团购、预购、多方投资等形式，通过平台服务，为创意项目产品、创业公司股权等向社会大众筹资。

21. 项目路演：组织项目路演，并为创业者提供相关经验分享和技巧辅导。

（四）咨询服务

22. 战略咨询：帮助创业者分析和选择项目发展方向。

23. 营销咨询：帮助创业者对接营销管理方面的专家和行业市场资源。

24. 知识产权：为创业者进行知识产权信息、战略、代理等服务。

25. 法务咨询：与创业相关的法律咨询服务。

26. 财务咨询：帮助创业者进行运营财务分析及提供建议。

27. 人力资源：为创业者提供人力资源咨询服务，应对公司运营架构、绩效管理、人员招聘、人力资源政策等问题。

（五）其他孵化服务

28. 技术服务：为创业者提供与其项目相关的技术交流、技术合作、技术外包、产品打样、专业设备及技术开发工具等服务。

29. 市场调研：为创业项目提供市场调研经验或协助开展调研服务。

30. 众包服务：为需要外部资源协作完成的工作项目，提供开放式的外部资源及合作模式的平台服务。

31. 虚拟孵化：提供远程分布式工作所需的在线办公、社交、资源共享、资源对接等服务。

32. 展会服务：帮助创业者参加与其相关的行业展销会、博览会等的登记、申报服务。

33. 网络推广：为创业者提供互联网自媒体服务或资源对接。

34. 媒体合作：为创业者提供所需的电视、报纸、杂志、网络、广告设计等资源对接服务。

35. 商旅配套：为创业者提供食宿、交通、商务会谈、分时工作、商务助理、翻译、项目小组办公等服务。

36. 其他服务：创业者所需其他方面的服务。

第六条　队伍建设

众创空间应建立具备专业服务能力的管理团队，为创业者提供相关服务。

（一）众创空间负责人：负责众创空间的日常运营管理，组织创业资源，具备创业辅导师或创业导师服务能力及一定专业背景，熟悉创业和企业管理。

（二）创业辅导师：作为服务团队的专职成员，应接受过创业辅导师专业培训，具备为创业者提供孵化服务的能力，协调创业资源，帮助创业者解决创业过程中遇到的问题。

（三）创业导师：聘请天使投资人、企业家、成功创业者、技术专家、行业专家等担任创业导师，形成专业化导师队伍。

（四）其他专职服务人员：承担行政、人事、出纳、技术支持等岗位职责的人员。

第七条 运营管理

众创空间应建立完善的运营管理机制，便于空间的运营与入孵团队与项目管理。

（一）入驻：制订入驻条件、收费标准及入驻服务流程，建立项目征集与筛选管理流程。

（二）孵化：配备专职专业人员，制订孵化服务流程、建立共享资源管理、设施设备和过程文档管理规范，并建立服务质量标准。

（三）毕业：对获得天使或风险机构投资、业务成长迅速、合并或被收购的企业，制订毕业管理机制，推荐其进入科技企业孵化器或加速器继续孵化。

（四）退出：对入驻的创业者明确退出条件，通过设置退出条件提高孵化资源的使用效率。

（五）跟踪：对离开众创空间继续发展的毕业企业，保持沟通联系，了解其发展经营动态，持续关注、帮助企业发展。

第八条 标准化

各类众创空间自行制定符合自身实际的企业服务标准，鼓励其发展为细分领域的行业标准。

第九条 本服务规范自发布之日起生效。